LA ASAMBLEA NACIONAL CONSTITUYENTE DE VENEZUELA (2017-2019)

EL LEVIATÁN DE LA DEMOCRACIA

A14

Ayala Corao, Carlos y Chavero Gazdik, Rafael

La Asamblea Nacional Constituyente de Venezuela (2017-2019): el leviatán de la democracia / Carlos Ayala Corao y Rafael Chavero Gazdik – Caracas: Academia de Ciencias Políticas y Sociales, 2019.

236 p.

Serie Estudios, 119
ISBN: 978-980-365-478-8
Depósito Legal: DC2019001935

1.. DERECHO CONSTITUCIONAL 2. ASAMBLEA NACIONAL CONSTITUYENTE

Hecho el depósito de Ley
Depósito Legal: DC2019001935
ISBN: 978-980-365-478-8

Editorial Jurídica Venezolana
Avda. Francisco Solano López, Torre Oasis, P.B., Local 4, Sabana Grande,
Apartado 17.598 – Caracas, 1015, Venezuela
Teléfono 762.25.53, 762.38.42. Fax. 763.5239
Email fejv@cantv.net
http://www.editorialjuridicavenezolana.com.ve

Impreso por: Lightning Source, an INGRAM Content company
para Editorial Jurídica Venezolana International Inc.
Panamá, República de Panamá.
Email: ejvinternational@gmail.com

Diagramación, composición y montaje
por: Francis Gil, en letra
Times New Roman 13, Sencillo, Mancha 18 x 11.5

Primera Edición 2019

Carlos Ayala Corao

Rafael Chavero Gazdik

LA ASAMBLEA NACIONAL CONSTITUYENTE DE VENEZUELA (2017-2019)

El Leviatán de la democracia

SERIE ESTUDIOS

N° 119

Academia de Ciencias Políticas y Sociales

Editorial Jurídica Venezolana

Caracas 2019

Individuos de Número de la
Academia de Ciencias Políticas y Sociales

Junta Directiva
2019-2020

Presidente:	Dr. *Humberto Romero-Muci*
1er. Vice-Presidente:	Dr. *Julio Rodríguez Berrizbeitia*
2do. Vice-Presidente:	Dr. *Luciano Lupini Bianchi*
Secretario:	Dr. *Rafael Badell Madrid*
Tesorero:	Dr. *Cecilia Sosa Gómez*
Bibliotecario:	Dr. *Carlos Ayala Corao*

Luis Ugalde S.J.	Gerardo Fernández Villegas
José Guillermo Andueza	James-Otis Rodner
Arístides Rengel Romberg	Ramón Escovar León
José Muci-Abraham	Román J. Duque Corredor
Enrique Urdaneta Fontiveros	Gabriel Ruan Santos
Alberto Arteaga Sánchez	José Antonio Muci Borjas
Jesús Maria Casal	Cesar Augusto Carballo Mena
Pedro Nikken	Juan Cristóbal Carmona Borjas
Allan R. Brewer-Carías	Salvador Yannuzzi Rodríguez
Eugenio Hernández-Bretón	Alfredo Morles Hernández
Carlos Eduardo Acedo Sucre	Héctor Faúndez Ledesma
Luis Cova Arria	Carlos Leañez Sievert
Ramón Guillermo Aveledo	Luis Napoleón Goizueta
Hildegard Rondón de Sansó	Oscar Hernández Álvarez
Henrique Iribarren Monteverde	José Rafael Mendoza
Josefina Calcaño de Temeltas	Fortunato González Cruz
Guillermo Gorrin Falcón	Luis Guillermo Govea

CONTENIDO

ANEXO 1

PRONUNCIAMIENTOS INTERNACIONALES

ANEXO 2

PRESENTACIÓN

A dos años de la instalación y funcionamiento de la Asamblea Nacional Constituyente (también ANC) en Venezuela (agosto 2017-agosto 2019), el presente trabajo tiene por objeto documentar, analizar y denunciar la consolidación de un nuevo golpe de Estado perpetrado desde el propio Gobierno mediante la convocatoria inconstitucional de dicha ANC; y luego ejecutado por ésta, mediante la destrucción de la Constitución, la democracia y el Estado de Derecho. Y todo ello ha sido llevado a cabo, sin siquiera intentar crear un nuevo texto de *Constitución*, usurpando y anulando las competencias del parlamento nacional (Asamblea Nacional) y el resto de los poderes públicos que no habían sido controlados hasta el momento por el Gobierno de Nicolás Maduro.

Con ello, el país ha quedado definitivamente sin *Constitución*, ni Estado de Derecho ni democracia: sin el poder legislativo nacional (Asamblea Nacional) y por tanto sin controles parlamentarios; y sin los otros poderes públicos nombrados de conformidad con la Constitución: sin un Tribunal Supremo de Justicia (también TSJ) y tribunales independientes, sin un Fiscal General y un Ministerio Público independientes, sin un Consejo Nacional Electoral independiente, sin un Defensor del Pueblo independiente, sin una Contraloría General independiente; y además, sin poderes públicos estadales y municipales independientes. Todos los poderes públicos han sido cooptados por la ANC y puestos al servicio de la "revolución" chavista; y aunque la Asamblea Nacional electa popularmente en el 2015 con una mayoría calificada de la oposición continúa formalmente operando y es el centro de la oposición política, entre el TSJ y la ANC han usurpado y cercado sus funciones de legislación y control y, han perseguido a sus diputados. Por ello decimos, que esa ANC ha sido un verdadero monstruo *Leviatán* de la democracia, que ha terminado por devorar al Estado Constitucional de Derecho que quedaba, en especial a la Asamblea Nacional.

A pesar de ello, la Asamblea Nacional ha resistido heroicamente a los embates y el cerco incluso físico, y ha representado políticamente a nivel nacional e internacional, la ventana para el rescate de la democracia.

Como veremos, si bien la *Constitución* venezolana permite la convocatoria, elección e instalación de una Asamblea Nacional Constituyente con el objeto de redactar una nueva *Constitución*, crear un nuevo ordenamiento jurídico y transformar el Estado, la misma debe ser convocada por el pueblo como titular del poder constituyente.

Por lo cual, resulta inadmisible que se haya convocado una constituyente por decreto presidencial y para un fin distinto al expresamente establecido en la *Constitución*; y que con ello, se haya burlando la soberanía popular y al propio Texto Fundamental. Así, las propias motivaciones del Decreto presidencial de convocatoria, evidencian que el fin verdadero no era ni siquiera cambiar la *Constitución*, y mucho menos en forma radical, como exige este mecanismo de modificación constitucional: redactar una nueva *Constitución* (artículo 347). La mayoría de los objetivos mencionados en el Decreto -aunque cuestionables- serían perfectamente posibles de lograr sin tener que dictar una "nueva" *Constitución*; y en el peor de los casos, incluso bastaría una reforma o enmienda constitucional. En todo caso, la grave crisis venezolana, no se resolvería con una nueva *Constitución* impuesta inconstitucionalmente por un grupo minoritario, y mucho menos, a través de la destrucción de la propia Constitución, el Estado de Derecho y la democracia.

Es evidente que la idea de la Asamblea Nacional Constituyente surgió luego de que las fuerzas políticas opositoras al régimen de Nicolás Maduro triunfaran en las elecciones del parlamento de diciembre de 2015; y luego de que otro organismo clave del Estado, como es el Ministerio Público, comenzara en el año 2017 a disentir de las imposiciones persecutorias contra la disidencia ordenadas por el Gobierno. Frente a los posibles límites que significaban dos poderes públicos no controlados por el Gobierno Central, éste decidió tomar el control total del Estado en abierta ruptura a todo el orden constitucional, para perseguir abiertamente a esa disidencia, utilizando para ello fraudulentamente una ANC, que es un órgano constitucionalmente diseñado de manera distinta y para otros fines.

Para ejecutar ese cometido, el Presidente de la República decidió usurpar la soberanía popular al atribuirse, él mismo y para sí, la potestad de convocatoria de la Asamblea Nacional Constituyente, la que conforme a la *Constitución,* está reservada al pueblo como titular de la soberanía, el cual debía expresarse a través de una consulta popular refrendaria. Pero a sabiendas que no había, ni de cerca, apoyo ciudadano mayoritario para una conspiración partidista del oficialismo como esa, se obvió la consulta popular con un plumazo, mediante un decreto presidencial con el apoyo de otro plumazo de una sentencia inconstitucional y parcializada de la cuestionada Sala Constitucional del Tribunal Supremo de Justicia.

Con ello, un asunto de interés nacional tan trascedente, como es la posibilidad de convocar, elegir e instalar una Asamblea Nacional Constituyente para modificar radicalmente el ordenamiento jurídico y redactar una nueva *Constitución*, se impuso de manera irresponsable y abiertamente inconstitucional, sin siquiera consultarle al pueblo soberano. Ello, a pesar de que nuestra *Constitución* consagró una democracia participativa y diseñó transversalmente un sistema con diversos mecanismos de participación ciudadana directa.

Y para culminar con tan maquiavélica estrategia, la elección de los integrantes de este insólito órgano colegiado se implementó mediante un sistema electoral antidemocrático, contrario a los principios democráticos del sufragio y evidentemente a nuestro Texto Fundamental y a nuestra historia republicana, que desconoció, entre otras cosas, la universalidad y la igualdad del voto ciudadano. Ese diseño arbitrario, antidemocrático e inconstitucional, permitió a Nicolás Maduro imponer una sola fuerza política además claramente minoritaria, para obtener el control absoluto del Estado. De esta forma, el Gobierno mediante este instrumento abiertamente autoritario, ha gobernado imponiendo un régimen para-constitucional pero claramente inconstitucional, destruyendo la Constitución, el Estado de Derecho y la democracia.

El resultado de esta trama de abusos y pluriviolaciones constitucionales fue el esperado. La Asamblea Nacional Constituyente instalada en agosto de 2017 y en funciones hasta la fecha, no ha dedicado su tiempo a la redacción de algún proyecto de nueva Constitución, sino únicamente se ha dedicado a desarticular los órganos constitucionales del Estado que no controla, como la Asamblea Nacional y el Fiscal General de la República -así como gobernaciones y alcaldías-; y a establecer un régimen de Estado *de facto* supuestamente para-constitucional pero en realidad abiertamente inconstitucional.

Básicamente desde su inicio, se dedicó a destituir a funcionarios que no respondían a las directrices políticas del Gobierno Central: la Fiscal General, Luis Ortega Díaz; y usurpar las competencias de otros órganos constitucionales independientes: la Asamblea Nacional. Pero a dos años de funcionamiento de la ANC, no ha salido a la luz pública un borrador oficial de siquiera un solo artículo constitucional nuevo o que se pretenda modificar. Evidentemente que ese no era el objetivo, sino consumar un Estado de hecho, en lugar de un Estado Constitucional de Derecho.

Desde la instalación de la ANC en agosto de 2017, el Gobierno, más que nunca antes, todo lo puede -aunque ya era así con el respaldo del TSJ-, porque la Constituyente todo lo puede, sin límite alguno. En suma, como se evidencia en este trabajo, con la instalación de la Asamblea Nacional Constituyente en Venezuela se terminó de consolidar un régimen dictatorial, alejado de los principios más básicos de una democracia constitucional.

Queremos agradecer la colaboración de los abogados Leonardo Verónico Osorio y Faisal Yamil Meneses en el estudio y preparación de este trabajo.

Noviembre 2019

INTRODUCCIÓN

En el medio de una profunda crisis social y económica y dentro de un contexto de importantes manifestaciones de protestas cívicas en contra del gobierno del Presidente de la República de Venezuela, Nicolás Maduro Moros, el 1° de mayo de 2017, éste dictó el Decreto N° 2.830[1], por medio del cual convocó, en forma directa, una Asamblea Nacional Constituyente (en adelante ANC). En ese mismo Decreto N° 2.830 se establecieron una serie de objetivos teóricos que estaría persiguiendo con esa ANC, a los cuales haremos posteriormente referencia.

Ese mismo día, mediante el Decreto N° 2.831[2], el Presidente de la República creó una Comisión Presidencial encargada de elaborar las bases comiciales para la elección y funcionamiento de la ANC. Posteriormente, el 23 de mayo de 2017[3], el Presidente Maduro publicó mediante Decreto, las Bases Comiciales para la ANC consistente en once disposiciones sobre la forma de elección y composición de la ANC y el número de integrantes por los ámbitos territoriales y sectoria-

---

[1] Publicado en la *Gaceta Oficial* N° 6.295 del 1° de mayo de 2017.

[2] *Ibídem.*

[3] Decreto N° 2.878 publicado en la *Gaceta Oficial* N° 41.156 del 23 de mayo de 2017.

les. Esas Bases Comiciales fueron luego aprobadas por el Consejo Nacional Electoral (en adelante CNE), con algunas pequeñas modificaciones puntuales[4].

La elección de los constituyentes se realizó el 30 de julio de 2017, en medio de un clima de gran tensión política y social que dejó al menos una decena de muertos en solo un fin de semana; y de conformidad con las cifras oficiales suministradas por el CNE en el primer boletín, los comicios contaron con una participación de 8.089.320 electores, lo que equivale al 41, 53% del padrón electoral, a pesar de que hasta la propia empresa encargada de implementar el voto digital desconoció la veracidad de esos resultados[5].

Desde el propio anuncio de la decisión presidencial de convocar inconstitucionalmente a una ANC, comenzó a gestarse una enorme preocupación nacional e internacional por una nueva ruptura del hilo constitucional en Venezuela, al tratarse de la instalación de un órgano con poderes ilimitados por encima de la *Constitución* de 1999, sin consultarle previamen-

---

[4] CNE. Resolución N° 170607-118 del 7 de junio de 2017. Disponible en: http://www.cne.gob.ve/web/normativa_electoral/elecciones/2017/constituyente/documentos/resolucion170607-118.PDF.

[5] Se trata de la empresa venezolana de tecnología *Smartmatic*, que desde el año 2004 ha sido la proveedora principal de la maquinaria y el sistema informático para el voto automatizado en todos los procesos electorales en Venezuela. El 2 de agosto de 2017, posterior a las elecciones para la ANC de 2017, Antonio Mugica, director ejecutivo de la compañía, posterior a una auditoría interna del proceso, declaró lo siguiente: "la diferencia entre la cantidad anunciada y la que arroja el sistema es de al menos un millón de electores". Al respecto: BBC Mundo (2 de mayo de 2017) *"Smartmatic, la empresa a cargo del sistema de votación en Venezuela, denuncia "manipulación" en la elección de la Constituyente y el CNE lo niega"*. Disponible en: https://www.bbc.com/mundo/noticias-america-latina-40804551.

te a los ciudadanos su convocatoria, como titulares de la soberanía popular. Además, como veremos, las verdaderas intenciones del Presidente Maduro no fueron realmente elaborar una nueva *Constitución*, sino terminar de erradicar los pocos espacios democráticos de representación popular y control constitucional que existían en la Asamblea Nacional y -en ese momento- en el Ministerio Público.

Como tendremos oportunidad de examinar en el presente trabajo, todo este proceso "constituyente" se ha venido realizando en abierta violación al ordenamiento constitucional venezolano, lo que ha profundizado la crisis (política, social y económica) del país, al desnaturalizar los principios y valores fundamentales de un sistema democrático de gobierno y un Estado Constitucional de Derecho.

Veremos también, cómo en Venezuela se ha desvirtuado la noción y función incluso de una ANC, pues ha dejado de ser un órgano encargado de elaborar una propuesta de nueva Constitución, para luego ser sometidas a la aprobación del pueblo, quien debe decidir si las aprueba o no. Para la actual ANC venezolana ello ha pasado a ser irrelevante, pues lo que el Gobierno ha considerado como útil es que la ANC, durante su período de funcionamiento, usurpe todo tipo de competencias constitucionales de los poderes públicos, especialmente del Poder Legislativo Nacional pero también de otros (CNE, Poder Ciudadano y hasta judiciales), en abierta violación a la *Constitución* y al resto del ordenamiento jurídico vigente; y sin que sus decisiones estén sujetas a ningún tipo de control. Es decir, el Gobierno de Venezuela ha utilizado el mecanismo inconstitucional de la ANC durante su funcionamiento, como sencillamente un "rey absoluto sin corona".

Bajo este modelo, la ANC se ha convertido en un órgano desbocado, que ha usurpado la soberanía popular representativa de la Asamblea Nacional y ha secuestrado la *Constitución*, todo al servicio de los designios del Ejecutivo Nacional para complacer cualquier decisión política, sin límite ni control alguno. Así, la ANC se ha utilizado para tomar decisiones abiertamente contrarias a la *Constitución* y a los principios democráticos fundamentales, e insistimos, sin que sus actos puedan ser objeto de control ni siquiera ante el Poder Judicial.

En efecto, durante dos años de vigencia de la ANC (agosto 2017- agosto 2019), su funcionamiento no ha estado dirigido siquiera a consultar a los distintos sectores de la sociedad y elaborar las supuestas nuevas propuestas constitucionales -las cuales tampoco queremos que haga por el riesgo que van a implicar-, sino principalmente a usurpar las competencias de la Asamblea Nacional y cualquier otro poder público nacional, incluidas gobernaciones y alcaldías, que esté bajo el control de las fuerzas políticas de oposición. Con ello, se ha atentado gravemente contra la existencia misma de los poderes públicos constitucionales y en especial del órgano legislativo nacional establecido en la *Constitución* vigente, neutralizando sus poderes constitucionales formales. A pesar de ello, es cierto como dijimos, que la Asamblea Nacional ha resistido heroicamente a los embates y el cerco incluso físico, y ha representado políticamente a nivel nacional e internacional, la ventana para el rescate de la democracia.

La ANC inició sus funciones el 5 de agosto de 2017, desde allí planteó que su funcionamiento sería por dos años, y es de suponer que, en ese período ya habría construido una propuesta de nueva Constitución (asunto que tampoco queremos que haga por los riesgos que significaría). Sin embargo, el 20 de mayo de 2019, la ANC dictó un acto donde se auto-prorrogó su funcionamiento y existencia hasta el 31 de diciembre de 2020. Esta prórroga fue también inconsulta y sin justificar sus razones. No se mostraron avances o contratiempos, sencillamente ella misma se dispuso esa extensión arbitraria, para de esta forma seguir usurpando y controlando todos los poderes del Estado.

Al tratarse de una coyuntura, y de una ANC que sigue en funcionamiento, hemos analizado su actuar durante sus primeros dos años de funcionamiento. Así, en el presente trabajo abordamos todo el proceso de su convocatoria y elección, así como sus actuaciones y decisiones durante este período de tiempo.

Comenzaremos en el Capítulo I realizando un breve análisis preliminar del poder constituyente en la evolución del Estado venezolano, a tenor del cual se realiza un breve recuento histórico de las Asambleas Constituyentes más importantes efectuadas hasta la actualidad, a saber, las de 1811, 1830, 1946 y 1999.

Una vez cumplido esto, en el Capítulo II entramos en el tema central del presente trabajo: la ANC de 2017. Allí revisaremos los problemas surgidos con la forma como fue convocada e instaurada la ANC de 2017, y las razones por las que caracterizamos a la misma como ilegítima e inconstitucional; entre estas, analizamos las írritas actuaciones de casi la totalidad de las instituciones del Poder Público venezolano, que han sido objeto de cuestionamientos en su legitimidad e independencia, por estar secuestradas al servicio del poder político rigente en el Gobierno, incluso antes de la convocatoria a la ANC de 2017.

Seguidamente, en el Capítulo III, planteamos y analizamos las atribuciones y límites formales y materiales que existen sobre la ANC en Venezuela y, especialmente, aquellos que se han podido conocer sobre la ANC de 2017.

Posterior a esto, en el Capítulo IV del presente trabajo evaluamos la organización y funcionamiento interno de la ANC de 2017, ante lo cual se examinan (i) la designación de la junta directiva; (ii) las normas de funcionamiento interno; (iii) el régimen presupuestario; (iv) el régimen de participación ciudadana; y (v) las sesiones y orden del día.

En el Capítulo V se analizan los actos emanados de la ANC de 2017, en un primer lugar como órgano legislativo y de control parlamentario, específicamente (i) las leyes y reglamentos dictados; (ii) las autoridades juramentadas; (iii) la aprobación del presupuesto nacional; y (iv) la autorización de enjuiciamientos a funcionarios con inmunidad parlamentaria. En segundo lugar, examinamos las funciones ejercidas por la ANC del año 2017 como órgano electoral, concretamente aquellas relativas a la convocatoria y programación de elecciones municipales, regionales y presidenciales. Por último, analizamos los demás actos de la ANC, como la restructuración y supresión de instituciones del Poder Público y también otras actuaciones que clasificamos como actos de carácter político.

Cerramos con la presentación de nuestras conclusiones sobre tan importante asunto, hecho los análisis y estudios aquí esbozados sobre lo que ha sido hasta ahora el funcionamiento de la ANC.

En el Anexo I revisamos brevemente los distintos pronunciamientos internacionales relacionados con el actual proceso constituyente, para ello se examinan los países que (i) aprobaron y (ii) desaprobaron la instauración de la ANC; y la consecuencia emanada de tales cuestionamientos. Por último, en el Anexo II hemos incluido un cuadro comparativo entre la ANC más reciente (1999) y la de 2017, vistas las particularidades que pueden agrupar estos dos procesos.

CAPÍTULO I
EL PODER CONSTITUYENTE EN EL ESTADO VENEZOLANO

En la historia constitucional venezolana hemos tenido procesos y asambleas constituyentes, los cuales han dado lugar en algunos casos a ligeros y en otros a radicales cambios del ordenamiento jurídico. Algunos de estos cambios han perdurado en el tiempo, mientras que otros han sido tan fugaces como los actores que los impulsaron. Muchas veces estas modificaciones constitucionales han atendido a la necesidad de justificar revueltas populares o golpes de Estado, mientras que otras veces han atendido a la legítima necesidad de iniciar una nueva concepción de Estado. Es importante notar, que la Constitución que más ha durado en nuestra historia republicana fue la de 1961 (1961-1999), la cual, aunque no fue producto de una constituyente formal, sí fue producto de un momento constituyente especial en el cual todas las fuerzas políticas lograron un amplio consenso sobre su contenido.

El principio general de la garantía de la supremacía de la Constitución en el ordenamiento jurídico se complementa mediante fórmulas, más o menos, agravadas o rígidas para su modificación, cuestión que denominamos *rigidez constitucional*. De no existir esta técnica de modificación constitucional, no habría mayor diferencia entre los procesos de formación, modificación o derogación entre la Constitución y los de una ley ordinaria, con lo cual se afectaría la propia diferenciación jerárquica entre ellas.

Con la rigidez constitucional se busca impedir o dificultar que una mayoría circunstancial en el órgano legislativo pueda disponer o modificar libremente en cualquier momento y de la misma forma que una ley ordinaria, las reglas fundamentales sobre los derechos en una sociedad democrática y/o las normas fundamentales que esgrimen el diseño de los órganos del poder público. La rigidez de las Constituciones busca así, mediante un proceso complejo, que sus cambios sean debidamente madurados y consensuados entre aquellos llamados a participar en su realización, sea el poder legislativo, la ciudadanía y la sociedad civil, o cualquier otro sector o rama del poder público. Por ello, el Derecho Comparado nos muestra que para llevar adelante una modificación constitucional se requiere entre otros mecanismos, de mayorías calificadas para su iniciativa y de procesos agravados para su discusión y aprobación, para garantizar la estabilidad de los principios esenciales de la sociedad democrática y del Estado de Derecho.

En este sentido, es interesante hacer referencia a los *Papeles Federales*, específicamente a aquellos que tratan temas relativos a la primera constitución escrita, suprema y rígida: la Constitución de los Estados Unidos de América de 1787. En ellos puede encontrarse suficientes argumentos que justifican que, si la estructura de gobierno se estableciere en una ley simple, existiría la irresistible tendencia de las mayorías parlamentarias circunstanciales de crear poderes adecuados a sus necesidades y planes o a las de su partido, que devengarían en poderes dictatoriales en épocas de crisis. Así, si la protección de las libertades individuales dependiera de una simple ley, un posible gobierno tiránico sería capaz de obviarlas o pisotearlas.[1]

Si, por ejemplo, el término o plazo de duración en servicio de los principales autoridades o funcionarios del Estado (Presidente, Senadores, Diputados, o Jueces) se regulara en una ley, las mayorías de turno podrían fácilmente alterar esas reglas para permanecer en el poder. Por ello, es necesario salvaguardar estos valores y principios fundamentales, ante eventuales congresistas y políticos con pretensiones alejadas de lo que hoy conocemos como democracia constitucional; y esto es posible, con normas que sólo puedan ser modificadas mediante procedimientos agravados, complejos, con mayorías especiales, luego de un consenso, que considere que dicho cambio es razonable, apropiado y perdurable[2].

La democracia moderna es una democracia constitucional, donde las mayorías ejercen el gobierno, pero con los límites establecidos en la Constitución y en los instrumentos sobre derechos humanos. Por ello, una democracia constitucional no puede verse reducida al gobierno de las mayorías, circunstanciales o no, con la posibilidad de que éstas, libres y sin límites, dispongan de los derechos de las minorías. Como señala TOURAINE, la democracia no puede verse simplemente como el triunfo de lo general sobre los particularismos, sino como el conjunto de garantías institucionales que permiten combinar la unidad de la razón instrumental con la diversidad de las mi-

---

[1]   Ver, sobre todo, en Madison (*Publius*), *"The Federalist Papers"* N° 10, que le atribuye publicación original en noviembre de 1787. Véase http://libertad.org/media/El-Federalista.pdf.

[2]   Ver, *ibidem*, Madison (*Publius*), *"The Federalist Papers"* N° 10, *op. cit.*

norías y el intercambio con la libertad. La democracia es una política de reconocimiento y respeto del otro[3].

El mismo autor citado, entiende que la soberanía popular conduce a la democracia "a condición de que dicha soberanía no sea triunfante, que permanezca un principio de oposición al poder establecido, sea éste cual sea. Así, en lugar de dar una legitimidad sin límite a un poder popular, la democracia introduce en la vida política el principio moral de que quienes no ejercen el poder en la vida social disponen de un recurso para defender sus intereses y para mantener sus esperanzas. Sin esta presión social y moral, la democracia se transforma rápidamente en oligarquía, por la asociación del poder político con todas las otras formas de dominación social"[4].

Por su parte SARTORI, en su obra *Teoría de la Democracia*, precisa que en los sistemas democráticos no cabe reconocer el supuesto "derecho absoluto de la mayoría de imponer su voluntad sobre la minoría", pues esto irá "a larga en contra del mismo principio que ensalza. El futuro democrático de una democracia depende de la convertibilidad de mayorías en minorías y, la inversa, de minorías en mayorías; consecuentemente, el principio de la mayoría relativa resulta ser el principio de la democracia que funciona democráticamente"[5].

---

[3]   TOURAINE, Alain, "*¿Que es la democracia?*", Editorial Fayard, París, 1994. Este mismo autor señala que "imaginar que el pueblo sea un soberano que reemplaza al rey no es avanzar mucho sobre la vía de la democracia".

[4]   *Ibídem*, pp. 37-38.

[5]   SARTORI, Giovanni, "*Teoría de la democracia*", Alianza, 2 vols., Madrid, 1988. Citado por GARCÍA DE ENTERRÍA, Eduardo, "*Democracia, Jueces y Control de la Administración*", Civitas, Madrid, 1996.

Estas son algunas de las motivaciones que justifican muchas de las formalidades y procedimientos especiales establecidos en las Constituciones para su modificación, pues éstos atienden a la necesidad de instrumentar los cambios de manera plural y racional, buscando canalizar no sólo los intereses de las mayorías, sino también el respeto a las minorías y la razonabilidad de la gestión pública[6]. Quizás el Tercer Reich y el Nacional-Socialismo sea uno de los mejores ejemplos de que las mayorías no solo no siempre tienen la razón, sino que, además, las mayorías sin límites son un gran peligro para la existencia misma de la sociedad democrática y de las libertades individuales. Siempre será necesario un Estado que reconozca, respete, garantice y proteja los derechos humanos y garantías fundamentales de las personas; por ello dentro del diseño constitucional y de los órganos del poder público de ese Estado, es necesario que las voces de las minorías sean escuchadas y existan fuertes garantías para ello, y que no haya un solo órgano supremo del Estado tomando las decisiones sin límites ni controles.

Como afirma HERNÁNDEZ CAMARGO, "la *rigidez constitucional* opera como apoyo de la idea de supremacía constitucional, y como garante del respeto a la soberanía del pueblo, que se ha dado por sí mismo y para sí mismo la norma rectora. Una Constitución que no prevea el sistema especialísimo y agravado de su reforma, diferente y mucho más riguroso que el procedimiento ordinario de creación legislativa, esto es que no se caracterice por la rigidez, no podrá ser lo

---

[6] El autor estadounidense John Hart Ely ha llegado a afirmar que el verdadero fundamento de la Constitución de los Estados Unidos no es el establecimiento de ideologías, sino el establecimiento de procedimientos legítimos para alcanzar esas ideologías. Véase su trabajo *"Democracy and Distrust"*, 1980, pp. 73-84.

suficientemente apta para garantizar al soberano la invulnerabilidad de las normas jurídicas"[7].

Así las cosas, debemos partir de la idea de que una asamblea constituyente es un mecanismo extremo de cambio constitucional, dentro de los distintos mecanismos de modificación constitucional que suelen establecerse en las Constituciones. Por ello es que las Constituciones no suelen incluir este mecanismo de cambio constitucional radical. Una vez que el poder constituyente se ha expresado dando lugar a una nueva Constitución, ésta podrá ser modificada cuando haya los consensos complejos requeridos al respecto y, mediante los mecanismos previstos en ella. Pero la posibilidad de cambio radical, extremo, para que se reconfigure el esquema constitucional y se de una "nueva" Constitución no suele ser previsto dentro de la propia constitución, pues estaría contemplando en sí misma un mecanismo para su propia terminación, rompiendo incluso con la vocación constituyente de permanencia que debe pretender una Constitución y la configuración que en ella se contempla de ese Estado y la sociedad.

El poder constituyente reside en la soberanía popular, por ello una asamblea constituyente supone que es precisamente la soberanía popular expresada en electores la que busca expresar su voluntad y decidir si está a favor de un cambio constitucional radical (una nueva Constitución, ordenamiento jurídico y transformar el Estado); cuestión que denota la complejidad del proceso y la necesidad imperiosa incluso de un claro consenso mayoritario en la sociedad.

---

[7] HERNÁNDEZ CAMARGO, Lolymar, *"El proceso constituyente venezolano de 1999"*, Academia de Ciencias Políticas y Sociales, Caracas, 2008, p. 32.

Es únicamente posterior a la decisión de los ciudadanos de ir a un proceso constituyente, que la misma soberanía popular puede entonces elegir libremente, por métodos democráticos, a sus representantes ante un órgano encargado -distinto al cuerpo legislativo del poder constituido-, a fin de que allí se discuta y elabore un proyecto de nueva Constitución, para luego someter esa propuesta a la misma aprobación del pueblo, a través de un referendo. Por lo general, las asambleas constituyentes en Venezuela suelen venir luego de algún rompimiento del hilo constitucional, de un cambio importante en las condiciones, formas y personas en el poder o del regreso a la métodos democráticos luego de una dictadura; momentos éstos donde se pretenden realizar cambios radicales y sustanciales del modelo político nacional[8].

Conforme a la Constitución venezolana vigente (1999), existen tres mecanismos de modificación constitucional[9]: la *enmienda*, la *reforma* y la *asamblea nacional constituyente (ANC)*. La *enmienda* tiene por objeto la adición o modificación de uno o varios artículos de esta Constitución, sin alterar su estructura fundamental; y la *reforma* propiamente dicha, tiene por objeto una revisión parcial de esta Constitución y la sustitución de una o varias de sus normas que no modifiquen la estructura y principios fundamentales del texto Constitucional. En definitiva,

---

[8] Sin descartar que han existido ejemplos de Asambleas Constituyentes realizadas dentro de un ambiente democrático, tal y como sucedió en el caso colombiano de 1991, pero solo muy limitadamente en el caso de la ANC venezolana de 1999.

[9] Artículos 340 a 350 de la Constitución venezolana de 1999 (texto original publicado en la *Gaceta Oficial* N° 36.860 del 30 de diciembre de 1999), reimpresa posteriormente con correcciones (*Gaceta Oficial Extraordinaria* N° 5453 del 24-3-2000) y el texto vigente en *Gaceta Oficial* N° 5908 del 19 de febrero de 2009 publicada con la Enmienda N° 1 de ese año).

tanto la enmienda como la reforma se reservan para modificaciones parciales y puntuales, sin modificar los principios fundamentales de la Constitución. Por su parte, el mecanismo de la *ANC* se presenta como una fórmula extrema para la transformación completa del Estado y la creación de un nuevo ordenamiento jurídico, mediante la redacción de una verdadera "nueva Constitución".

Para esas transformaciones y cambios radicales del ordenamiento jurídico que pudieran incluso dar lugar a una "nueva Constitución", la *Constitución* de 1999 expresamente contempla que no son los órganos del poder público constituido, aquellos capaces de *convocar* a ese proceso constituyente. Así, la *Constitución* de 1999 hace una separación clara entre poder constituido y poder constituyente, indicando que este último reside y está bajo la titularidad del pueblo quien es el depositario del poder constituyente; y que por tanto, es ese pueblo - titular del poder constituyente- quien debe aprobar o improbar la convocatoria a una ANC -para poder posteriormente elegir sus integrantes.

Ahora bien, nada dice la *Constitución* de 1999 sobre quiénes pueden integrar la ANC, ni cómo deben ser elegidos sus integrantes y ni por cuánto tiempo debe funcionar la ANC. Como dijimos, las Constituciones no suelen regular la convocatoria y existencia de una asamblea constituyente que termine con ellas mismas. Lo que sí se contempla es que, una vez ejercido ese poder constituyente que tiene como resultado una nueva Constitución, ésta puede ser objeto de modificaciones (enmiendas o reformas).

Por lo tanto, las anteriores, son algunas de las interrogantes que dejó abierta la Constitución de 1999 ante el eventual planteamiento de una ANC, las cuales deben ser respondidas conforme a los principios generales del constitucionalismo, la democracia constitucional y el respeto irrestricto por los derechos fundamentales de los ciudadanos.

En principio, el rol de una ANC se limita fundamentalmente a la discusión, redacción y sanción de proyecto de Constitución; para su posterior presentación ante el pueblo -depositario del poder constituyente-, a fin de que éste exprese su voluntad soberana sobre la aprobación o no de dicho proyecto.

No obstante, muchas veces estos cuerpos constituyentes terminan imponiendo ciertas decisiones dirigidas a implementar el nuevo ordenamiento jurídico, incluso antes de siquiera sancionar o de someter a referendo el proyecto de Constitución. Así, dependiendo de las situaciones particulares del momento, algunas constituyentes han designado o ratificado funcionarios interinos mientras se implementa el nuevo régimen constitucional, y/o han tomado algunas medidas urgentes de transición estrictamente necesarias sin siquiera haber aprobado el texto propuesto. Esta cuestión ha sucedido particularmente, cuando los procesos constituyentes se han llevado a cabo luego de algún acto de fuerza o de una rebelión popular o militar.

Como veremos, en la historia constitucional venezolana se ha generado una "distorsión" que ha traído graves consecuencias para nuestro sistema democrático constitucional, toda vez que se ha entendido que el rol de las asambleas constituyentes no está acotado a la sola redacción y sanción de la propuesta de "nueva" Constitución; sino que además, en paralelo, pueden ejercer facultades y competencias sobre el poder público, *paraconstitucionales* e incluso "supraconstitucionales", sin que los órganos del poder constituido, incluida la jurisdicción constitucional, puedan limitar o controlar estas decisiones.

Se trata de una suerte de "huida" de la Constitución, de sus garantías, controles, del Estado de Derecho y los principios democráticos, que resulta en un órgano con características medievales, de temple absoluto, viviendo fuera de su ambiente, con poderes ilimitados que absorbe y se impone –cual Leviatán- sobre el ordenamiento existente.

Esta fue la gran discusión que se planteó con la ANC de 1999. En aquella oportunidad, a pesar de los límites judiciales impuestos previamente, que indicaban que sólo se debía concentrar a elaborar el proyecto de nueva Constitución, se impuso la tesis de los poderes "originarios", "supraconstitucionales" e incontrolados de la ANC. Así, la propia ANC, una vez instalada, se atribuyó a si misma competencias, funciones y decisiones mediante su propio Estatuto, para luego dictar "decretos constituyentes" como manifestaciones de su voluntad que se impusieron dentro del ordenamiento y el Estado venezolano del momento. Tal tesis resultante de ese cuestionado proceso, impactó de alguna manera en la vigente *Constitución* en el artículo 349 el cual dispone que los "poderes constituidos no podrán en forma alguna impedir las decisiones de la Asamblea Nacional Constituyente". No obstante, dicho artículo debe ser interpretado a la luz de los principios democráticos y del Estado de Derecho que subyacen en nuestro sistema constitucional republicano.

I. BREVE RECUENTO HISTÓRICO DE LAS ASAMBLEAS CONSTITUYENTES EN VENEZUELA

Si entendemos por una ANC a un órgano deliberante de representantes electos para la elaboración de una nueva Constitución de un Estado, entonces tendríamos que en Venezuela existieron dos verdaderos procesos con esas características: el de 1811 (Congreso) para constituirnos como Estado independiente de la Corona española y el de 1830 (Congreso) para separarnos de la Gran Colombia. Ahora bien, la realidad es que a lo largo de nuestra historia constitucional han existido varias constituyentes, pero no para constituir un Estado, sino para crear nuevas Constituciones, que han servido sobre todo para legitimar e instaurar cambios políticos o que se hayan realizado luego de alguna ruptura constitucional producto de alguna revolución armada o golpe de Estado, que buscaban un nuevo gobierno y un nuevo Estado con una nueva Constitución.

Hasta la fecha, la historia de Venezuela cuenta con veintiséis (26) textos constitucionales. Sin embargo, si bien varios de dichos textos constitucionales han emanado formalmente de asambleas constituyentes propiamente dichas (seis de ellas, las Constituciones de: 1864, 1893, 1901, 1947, 1953[10] y 1999), la mayoría de ellos no han emanado de procesos constituyentes como tales, sino que han sido el resultado de enmiendas o reformas de las constituciones previas,[11] sin mayores discusiones jurídicas,[12] lo que explica la gran similitud en cuanto a su contenido.[13] Debido a ello, como dijimos, en *stricto sensu*, solamente hemos tenido cinco grandes "procesos constituyentes" en Venezuela, llevados a cabo en los años 1811, 1830, 1864,

---

[10] La Asamblea Constituyente de 1953 se llevó a cabo bajo de dictadura del general Marcos Pérez Jiménez, y no fue producto de una elección libre, justa y competitiva con todos los partidos políticos. A la postre, la mayoría de los representantes de los partidos democráticos terminaron retirándose de la misma.

[11] BREWER-CARÍAS, Allan, *Las Constituciones de Venezuela*, Tomo I. Academia de Ciencias Políticas y Sociales, Serie Estudios N° 71, Caracas, 2008, p. 25.

[12] BREWER-CARÍAS, Allan, *Poder Constituyente Originario y Asamblea Nacional Constituyente,* Colección de estudios jurídicos, N° 72, Editorial Jurídica venezolana, Caracas, 1999, p. 17.

[13] Véase por ejemplo las Constituciones de Venezuela desde 1874 a 1999.

1947 y de alguna manera el de 1999.[14] Sin embargo, es curioso e importante resaltar que en la historia constitucional venezolana los Congresos (órganos legislativos) han adoptado reformas constitucionales de gran envergadura y profundidad, como la de 1945; y otros han adoptado *nuevas* Constituciones, como es el caso de la Constitución de 1961 elaborada por el entonces Congreso de la República electo democráticamente. Vale destacar -como hemos dicho- que la Constitución de 1961 es la que más tiempo ha durado vigente en nuestra historia, siendo derogada parcialmente por la ANC de 1999 durante su funcionamiento y finalmente sustituida por la nueva Constitución de ese mismo año.

Por ello, podemos afirmar que, *lato sensu*, las Constituciones adoptadas mediante verdaderos "momentos constituyentes" se han llevado a cabo, ya sea a través de asambleas constituyentes o congresos constituyentes formales en la práctica, como las de 1811, 1830, 1864, 1947 y 1999; y en otros casos, incluso a través de Congresos como los de 1811 y 1961. Pero en ambos casos, esas nuevas Constituciones, han implicado en realidad verdaderos momentos o procesos constituyentes unos derivados de asambleas constituyentes y otros de congresos constituyentes formales.

---

[14] Algunos autores consideran que han sido solo los de 1811, 1830 y 1990. Al respecto ver GARCÍA SOTO, Carlos, *"La Asamblea Nacional Constituyente de 2017 en su Contexto Histórico"* en obra compilada por BREWER-CARIAS, Allan., y GARCÍA SOTO, Carlos, *Estudios Sobre la Asamblea Nacional Constituyente y su Inconstitucional Convocatoria en 2017*, Editorial Jurídica Venezolana, Caracas, 2017, p. 78.

Por ello, como afirma PLANCHART[15], los textos constitucionales que pueden considerarse verdaderamente "nuevos" o que representan cambios sustanciales, han sido aparte del de 1811 y el de 1830, los de 1864, 1947, 1961 -y podríamos agregar de alguna manera el de 1999.

Sin perjuicio de las consideraciones expuestas, es importante mencionar que, al menos en sentido formal, dejando aparte la ANC de 1947, en el siglo XX el antecedente histórico más reciente de un proceso constituyente venezolano a través de una ANC fue de alguna manera la celebrada en el año 1999, durante el primer gobierno del presidente Hugo Chávez.

Dada la importancia de los antecedentes constitucionales, a continuación, procedemos a referirnos a los aspectos más destacados de las asambleas constituyentes venezolanas de 1811, 1830, 1864, 1947 y 1999.

1. El Congreso General de la Confederación de Venezuela de 1811

Durante abril de 1810, con la invasión del ejército napoleónico al mando del país, y la deposición de la corona española en manos de Fernando VII, en Venezuela se comenzó a gestar la independencia, a través de una primera expresión en el movimiento "juntista" con la propuesta de creación de una Junta Suprema de Gobierno, para desconocer a Napoleón y velar, en principio, por los derechos de Fernando VII. Sin embargo, dentro del grupo de criollos que aupó a tal Junta, se aquellos que ya planeaban una revolución de independencia en su plena expresión, como pronto comenzará a desarrollarse.

---

[15] PLANCHART, Gustavo, *"Proceso de formación de la Constitución venezolana del 23-1-1961"*, en **Revista de Derecho Público** N° 24, Editorial Jurídica Venezolana, Caracas, 1985, pp. 5-27.

Los criollos oriundos de la Capitanía General de Venezuela que impulsaban la Junta, propusieron al propio Gobernador y Capitán General Vicente Emparan, que la encabezara, el 19 de abril de 1810. Ante tal propuesta y las presiones imprimidas sobre esta en el Cabildo celebrado el jueves santo de 1810, Emparan expresó su temor y negativa a actuar sin autorización desde España, pero ante las presiones de un importante grupo de esos civiles criollos, optó por realizar, públicamente, la peculiar pregunta plebiscitaria. Así, en un acto público durante las celebraciones del jueves santo en la plaza central caraqueña, desde el balcón del Ayuntamiento, Emparan recibe respuesta por parte de los allí presentes, expresando que no querían que éste siguiese gobernando, ante lo cual el español decidió renunciar a su cargo y a sus funciones. Visto esto, los criollos constituyeron la Junta Suprema de Caracas, que asumió a cargo del gobierno de la Capitanía, y desde ella se impulsaron aún más las ideas de independencia venezolana. En ese sentido, el 19 de abril de 1810 fue reconocido como el primer gran paso a la independencia.

Dicha Junta estuvo a cargo de las funciones de gobierno hasta marzo de 1811, cuando se instauró el primer Congreso Nacional de los 8 Estados o Provincias de Venezuela que se plegaron a la gesta de Caracas. Realizadas las primeras elecciones parlamentarias en Venezuela, convocada y celebradas conforme en las disposiciones contenidas en el Reglamento Electoral dictado por la Junta Suprema de Venezuela, el 2 de marzo de 1811, se instaló el primer Congreso Constituyente, conocido como el Congreso General de la Confederación de Venezuela[16].

---

[16] BREWER-CARÍAS, Allan, *Historia Constitucional de Venezuela. Tratado de Derecho Constitucional,* Tomo I, Caracas, 2013, pp. 320 y siguientes.

Durante sus 13 meses de funcionamiento, el Congreso dio vida a la nueva República adoptando los siguientes actos fundacionales: (i) la *Declaración de Derechos del Pueblo de Venezuela*, sentando los fundamentos de la libertad, la seguridad y la propiedad[17]; (ii) se consagró la *separación de las ramas del poder público*; (iii) la *Declaración de Independencia*; y (iv) la primera *Constitución* de Venezuela. Motivo por el cual ha sido considerado por algunos doctrinarios como el primero, único, originario y verdadero proceso constituyente venezolano[18].

La dirección del mismo estuvo encaminada por extraordinarios intelectuales y pensadores de la época, entre ellos: Juan Germán Roscio,[19] Francisco Ustáriz, Miguel Sanz, Lino de Clemente, Francisco Iznardi, Isidoro López Méndez, Juan Pa-

---

[17] *Declaración de los Derechos del Pueblo.* Se trató, a grandes rasgos, de la tercera Declaración de Derechos de rango constitucional en la historia del constitucionalismo moderno, junto con la Declaración de Independencia de los Estados Unidos (1776) y la Declaración de los Derechos del Hombre y del Ciudadano (1789). Versó sobre una serie de principios ya inspirados en estos mencionados instrumentos y los movimientos revolucionarios que los originaron, se hizo especial referencia a la soberanía del pueblo, los derechos y deberes del hombre en sociedad y los deberes del cuerpo social. BREWER-CARÍAS, Allan, *Las Constituciones de Venezuela*, Tomo I. Academia de Ciencias Políticas y Sociales, Serie Estudios N° 71., Caracas, 2008, pp. 549-551.

[18] GARRIDO, Juan, *De la Monarquía de España a la República de Venezuela*, Universidad Monteávila, Caracas, 2008, p. 200; GARCÍA SOTO, Carlos, *La Asamblea Nacional Constituyente De 2017 en su Contexto Histórico, op. cit.*, p. 83.

[19] Sus aportes fueron de suma importancia para la redacción del Reglamento Electoral, del acta independentista y de la Constitución Federal. Al respecto ver DÍAZ, Ramón, *"Libro de Actas del Segundo Congreso de Venezuela: 1811-1812"*, Academia Nacional de la Historia, Tomo I, Caracas, 1959, p. 91.

blo Ayala, Francisco de Miranda, y Martín Tovar y Ponce,[20] quienes en compañía de otros 37 ilustres criollos integraban el grupo de 45 diputados exigido por el reglamento electoral[21].

Como quedó dicho, entre los grandes aportes de ese Congreso Constituyente resalta precisamente la *Constitución Federal para los Estados de Venezuela*, sancionada y firmada el 21 de diciembre del mismo año 1811. Es importante destacar que los debates para su elaboración iniciaron el 21 de agosto de 1811 y gozaron de carácter público, al punto que en los meses de mayo y junio se publicaron avisos en Gaceta Oficial con el fin de invitar a la ciudadanía a contribuir "con sus luces y conocimientos al acierto de un asunto tan importante"[22].

El resultado final de esas sesiones se plasmó en una Constitución escrita –la primera de Iberoamérica y la tercera en el mundo– compuesta de 228 artículos distribuidos en 9 capítulos, con base en las siguientes características:

a. Consagró una amplia gama de derechos republicanos (libertad, seguridad, igualdad legal, propiedad, libertad de imprenta, etc.) en respeto a la dignidad humana,

---

[20] BREWER-CARÍAS, Allan, "La Independencia de Venezuela y el inicio del Constitucionalismo Hispanoamericano en 1810-1811, como obra de civiles, y el desarrollo del militarismo a partir de 1812, en ausencia de Régimen Constitucional", en *Los hombres de Cádiz y de las Américas. Bases de la identidad social y política hispanoamericana*, ponencia presentada ante el *VI Simposio Internacional sobre la Constitución de Cádiz*, Cádiz, Caracas, 2012, p. 3.

[21] *Gaceta de Caracas del 19 de febrero de 1811*, Biblioteca de la Academia Nacional de la Historia, Tomo II, Caracas, 1983.

[22] GARCÍA SOTO, Carlos, *La Asamblea Nacional Constituyente de 2017 en su Contexto Histórico, op. cit.*, pp. 79-85.

abogando por aumentar y preservar su goce y ejercicio.[23]

b. Consolidó la separación de los poderes públicos en: Legislativo, Ejecutivo y Judicial;[24]

c. Acogió un sistema bicameral integrado por una cámara de senadores y otra de representantes;[25]

d. El Poder Ejecutivo Nacional se plasmó en un triunvirato, cuyos representantes eran electos popularmente;[26]

e. Sentó las bases para una buena administración de justicia, asegurar la tranquilidad interna de la nación, la defensa exterior y para sostener la libertad e independencia política;[27] y

f. La organización política del Estado fue instaurada en forma de federación ("confederación").[28]

Al igual que el Acta de Independencia y la Declaración de Derechos, la Constitución tuvo una marcada influencia de los procesos revolucionarios francés y norteamericano,[29] lo cual

---

[23] Artículos 151 y ss. de la Constitución Federal para los Estados de Venezuela de 1811 o Constitución de 1811.

[24] Artículos 3, 72 y 110 de Constitución de 1811.

[25] Artículos 14 y 45 de la Constitución de 1811.

[26] Artículo 72 de la Constitución de 1811.

[27] Primer párrafo de la Constitución de 1811.

[28] *Idem.*

[29] GRASES, Pedro, *"Traducciones de interés político-cultural en la época de la Independencia de Venezuela"*, en *El Movimiento Emancipador de Hispanoamérica: Actas y Ponencias*, Academia Nacional de la Historia, Tomo II, Caracas 1961, pp. 105 y ss.; DE LA TORRE,

puede percibirse fácilmente en las últimas características señaladas[30]: por la vertiente francesa en la consagración de derechos; y la norteamericana con el Estado republicano y federal, con forma de gobierno presidencial.

La gran Constitución de 1811 adoptada formalmente y habiendo entrado en vigencia, fue de corta duración hasta la caída de esa Primera República en el mes de julio del año 1812. Posteriormente, fue objeto de críticas injustas, algunas quizá por su incomprensión, entre ellas las del propio Libertador Simón Bolívar. Si bien Bolívar en un comienzo reconoció su vigencia, la cuestionó duramente, primero en el *Manifiesto de Cartagena* y luego en el *Discurso de Angostura*. En el *Manifiesto de Cartagena* llegó a expresar:

> *Caracas tuvo mucho que padecer por defecto de la Confederación que lejos de socorrerla le agotó sus caudales y pertrechos, y cuando vino el peligro la abandonó a su suerte, sin auxiliarla, con el menor contingente. Además, le aumentó sus embarazos habiéndose empeñado una competencia entre el poder. (...)*
>
> *Yo soy de sentir que mientras no centralicemos nuestros gobiernos americanos, los enemigos obtendrán las más completas ventajas; seremos indefectiblemente envueltos en los horrores de las disensiones civiles, y con-*

Ernesto, y LAGUARDIA, Jorge, *Desarrollo Histórico del Constitucionalismo Hispanoamericano*, UNAM, México, 1976, pp. 38–39.

[30] Respecto a la instauración de un Federalismo, véase la influencia de la Constitución de Estados Unidos de América de 1787. Asimismo, véase la influencia de la Declaración Universal de los Derechos del Hombre y del Ciudadano de 1789 y de la Constitución de Francia de 1791 en la consagración del principio de supremacía legal y de la amplia gama de derechos.

quistados vilipendiosamente por ese puñado de bandidos que infestan nuestras comarcas.

Las elecciones populares hechas por los rústicos del campo, y por los intrigantes moradores de las ciudades, añaden un obstáculo más a la práctica de la Federación entre nosotros; porque los unos son tan ignorantes que hacen sus votaciones maquinalmente, y los otros, tan ambiciosos que todo lo convierten en facción; por lo que jamás se vio en Venezuela una votación libre y acertada; lo que ponía el gobierno en manos de hombres ya desafectos a la causa, ya ineptos, ya inmorales. (...)

Si Caracas en lugar de una Confederación, lánguida e insubsistente hubiese establecido un gobierno sencillo, cual lo requería su situación política y militar, tú existieras ¡oh Venezuela! y gozaras hoy de tu libertad (...)

De lo referido se deduce, que entre las causas que han producido la caída de Venezuela, debe colocarse en primer lugar la naturaleza de su Constitución; que repito, era tan contraria a sus intereses, como favorable a los de sus contrarios.[31]

Luego, en Angostura, al presentar el proyecto de Constitución que sería discutido para su adopción por los Legisladores allí reunidos, cuestionó la Constitución de 1811 en varios aspectos y en particular por la primacía ejercida por el Congreso y la debilidad y carácter tripartito colegiado del Poder Ejecutivo Nacional, afirmando:

---

[31]   *Manifiesto de Cartagena*: documento realizado por el Libertador Simón Bolívar, cuya publicación se atribuye el 1 de noviembre de 1812 en la que expone las causas de la pérdida de la Primera República en la Guerra de Independencia venezolana.

Nuestro triunvirato carece, por decirlo, de unidad, de continuación y de responsabilidad individual; está privado de acción momentánea, de vida continua, de uniformidad real, de responsabilidad inmediata y un gobierno que no posee cuanto constituye su moralidad, debe llamarse nulo.[32]

Ya en 1811, en el mismo contexto, Francisco de Miranda había advertido al respecto:

(...) en la presente Constitución los poderes no se hayan en el justo equilibrio, ni la estructura u organización general suficientemente sencilla y clara, para que pueda ser permanente; que por otra parte no está ajustada a la población, usos y costumbres de estos países, de que en lugar de 76 reunirnos en una masa general o cuerpo social, nos divida y separe, en perjuicio de la seguridad común y de nuestra independencia (...).[33]

A pesar de dichas críticas, si bien la Constitución de 1811 tuvo formalmente una efímera vigencia, sentó las bases de nuestro origen constitucional republicano: la garantía de la libertad y los demás derechos, la separación de poderes, el sistema democrático, el régimen federal y el sistema presidencial.

2. *El Congreso Constituyente de Valencia de 1830*

Antes de la muerte de Bolívar, el general José Antonio Páez como la más alta autoridad en Venezuela, luego de varias consultas, había convocado en enero de 1830 para un Congre-

---

[32] *Discurso de Angostura*, realizado por Simón Bolívar en el contexto del Congreso Constituyente de Angostura el 15 de febrero de 1819, como proceso constituyente para las bases de la Segunda República en la Guerra de Independencia.

[33] Autores varios, *Constituciones fundacionales de Venezuela*, Linkguadigital, Barcelona, 2017, p.74

so Constituyente que definiera nuestra separación de la Gran Colombia y nos diera una nueva Constitución. A raíz de ello, se celebraron sus elecciones y éste quedó instalado en la ciudad de Valencia el 6 de mayo de 1830.

Dicho Congreso Constituyente de Valencia dictó: (i) un *Reglamento de Organización Provisional del Estado*, conforme al cual, el Poder Ejecutivo provisional se depositó en una persona con la denominación de Presidente del Estado de Venezuela, teniendo un Consejo de Gobierno compuesto por el Vicepresidente de la República, de un Ministro de la Corte Suprema de Justicia nombrado por ella, de dos Secretarios del Despacho y de dos Consejeros elegidos por el Congreso. Así mismo, José Antonio Páez fue nombrado Presidente provisional y Diego Bautista Urbaneja, como Vicepresidente; (ii) un *Decreto sobre Garantías* de los venezolanos; y (iii) finalmente, el Congreso Constituyente sancionó la nueva *Constitución del Estado de Venezuela* el 22 de septiembre de 1830 (el Presidente Páez le puso el ejecútese dos días después), con lo cual se separó a Venezuela de la Gran Colombia, a fin de consolidar la República autónoma y centralista.[34]

La Constitución de 1830, salvo la interrupción por el "asalto al Congreso" del 24 de enero de 1846, es la segunda Constitución con mayor tiempo en vigencia, luego de la Constitución de 1961. Esta Constitución (comprendida en 228 artículos distribuidos en 28 títulos), representa uno de los textos más influyentes en la historia constitucional venezolana, debido a su prolongada vigencia y aplicación. Entre los aspectos más importantes de este texto fundamental resaltan: (i) la implementación de un Estado autónomo y centralista; (ii) la instauración

---

[34] BREWER-CARIAS, Allan, *Las Constituciones de Venezuela, op. cit.* p. 153.

de un gobierno republicano, popular, representativo, responsable y alternativo; y (iii) el restablecimiento del sistema presidencial con la creación de la figura del Vicepresidente Ejecutivo.[35]

Durante los 27 años siguientes a la separación de la Gran Colombia, Venezuela estuvo regida por un ambiente de aparente continuidad administrativa, asediada por conflictos regionales y con caudillos, y que se vio formalmente interrumpida, primero en el año 1847, con ocasión del episodio conocido como el "Asalto al Congreso"; y en una segunda y definitiva ocasión, cuando el entonces presidente, José Tadeo Monagas, impulsó una nueva Constitución en 1857, como mecanismo para perpetuarse en el poder, la que solo duraría un año.[36] Posteriormente, con la llamada Revolución de Marzo de 1858, Julián Castro, se alza contra el poder de Monagas, imponiendo su ideal revolucionario. Al acceder al poder convocó una "Gran Convención Nacional" que sancionó la Constitución de diciembre de 1958. Esta revolución, junto con la Constitución impuesta de 1858, que duró escasos meses, abrió las puertas a la Guerra Civil venezolana, entre liberales y conservadores, o entre la provincia y el centro. Se trata de una guerra tan violenta o más que la de la independencia, no sólo militar, sino también de profundas raíces sociales por la igualdad y la tierra, la cual estremeció a todo el país.

Posteriormente, nuestra historia refleja una serie de "revoluciones" y otros episodios donde asambleas o congresos constituyentes se hacían cargo de darle una "nueva" Constitución al grupo vencedor, que se imponía sobre el grupo que detentaba el poder del momento, realizando las modificaciones

---

[35]   Constitución del Estado de Venezuela de 1830, artículos 6 y 129.

[36]   BREWER-CARIAS, Allan, *Las Constituciones de Venezuela, op. cit.*

necesarias para justificar el alzamiento y las banderas por un nuevo orden jurídico que los legitimara, adecuando la organización del gobierno y del Estado a las pretensiones del ganador.

3. *La Asamblea Constituyente de 1863-64*

Conforme a lo acordado en el Convenio de Coche que puso fin a la Guerra Federal, la Asamblea Nacional se instaló en La Victoria el 17 de junio de 1863 y nombró como Presidente Provisional de la República al General Juan Crisóstomo Falcón, "mientras que se reúna la Asamblea Constituyente que él ha de convocar"[37]. El Presidente Falcón convocó la Asamblea Constituyente de la Federación Venezolana y habiéndose practicado las elecciones, quedó instalada en diciembre de 1863. Esta adoptó las siguientes decisiones: (i) ratificó al General Falcón como Presidente de los Estados Unidos de Venezuela; (ii) ratificó todos los actos dictados con anterioridad; (iii) declaró vigentes las atribuciones reservadas al Gobierno General de los Estados Unidos de Venezuela, que había fijado el Presidente Falcón; y (iv) fijó el radio de acción exclusiva del Gobierno General, erigiendo al Distrito Federal, cuyo régimen luego precisó el Presidente Falcón.

Finalmente, el 28 de marzo de 1864, la Asamblea Constituyente sancionó la *Constitución de los Estados Unidos de Venezuela*, estableciendo formalmente un régimen federal de Estado y de Gobierno para Venezuela, consagrando derechos fundamentales, la separación horizontal y vertical de poderes y ratificando el sistema presidencial.

---

[37] Ver, *Leyes y Decretos de Venezuela*, Tomo 4, 1861-1870, Biblioteca de la Academia de Ciencias Políticas y Sociales, Caracas, 1982, p. 263.

Posteriormente, luego de varios vaivenes de Constituciones guzmancistas, en 1893 una nueva Asamblea Constituyente sancionó otra *Constitución* ese año y luego otra haría lo propio en 1900, promulgando la *Constitución* de 1901. Con la reforma de 1909 -y luego el Estatuto de 1914-, se inauguró la dictadura del General Juan Vicente Gómez que produjo varias constituciones (1909, 1914, 1922, 1925, 1928, 1929, 1931), ninguna de ellas de vigencia y aplicación real.

Luego de la muerte de Gómez, los gobiernos de López Contreras y Medina Angarita, produjeron en el Congreso sendas reformas generales de la Constitución de 1931 con profundo contenido democrático, que formalmente dieron lugar a las nuevas *Constituciones* en 1936 y 1945, gestándose la democracia y el Estado Social de Derecho, pero aún bajo un esquema de democracia tutelada e indirecta y de sufragio censatario.

4. *La Asamblea Constituyente de 1946-47*

La Constitución o reforma general sancionada por el Congreso el 23 de abril de 1945 mandada ejecutar por el presidente Isaías Medina el 5 de mayo de 1945, tuvo escasa vigencia. El 18 de octubre de 1945 se llevó a cabo la denominada "Revolución de octubre de 1945", la cual consistió en un golpe de Estado liderado por una coalición cívico-militar contra el gobierno del Medina Angarita. Justo el día que fue derrocado, había decretado la suspensión de garantías, visto las fuertes sospechas de actos de rebelión militar en contra de las instituciones del país.

La coalición cívico-militar que asumió el poder se agrupó y organizó bajo la figura de una Junta Revolucionaria de Gobierno, la cual fue presidida por Rómulo Betancourt, y se instauró bajo el mismo marco de suspensión de garantías constitucionales. Esta Junta dictó en marzo de 1946 el Estatuto para la elección de representantes a una Asamblea Nacional Constituyente, con el objetivo de crear una nueva Constitución, permitiendo por primera vez el sufragio universal con el voto femenino y directo. Se trataba del debut de los partidos políticos modernos (AD, COPEI, URD y el PC) de la democracia representativa.

La ANC quedó instalada el 17 de diciembre de 1946. Conforme a la declaración sobre los objetivos de la ANC, ésta asumió la función de dictar la Carta Fundamental de la República y un Estatuto Electoral. Aun y cuando la ANC señaló en su declaración (artículo 1) que mientras no se sancionara la Constitución se abstendría de considerar otras materias, por vía de excepción, se reservó la posibilidad de abordar asuntos que "ella misma califique de urgentes, el examen de los actos de la Junta Revolucionaria de Gobierno, la organización y funcionamiento del gobierno provisional de la República... y los proyectos que con carácter de urgencia presente aquel organismo ejecutivo".

La Constitución fue sancionada por la ANC el 5 de julio del año 1947 y ese mismo día la Junta Revolucionaria de Gobierno presidida por Rómulo Betancourt le puso el ejecútese. Una vez que entró en vigor la nueva Constitución, se reorganizó el funcionamiento de los poderes públicos, se convocaron elecciones presidenciales -resultando electo Rómulo Gallegos-y al Congreso, el cual asumió de inmediato las funciones legislativas. No obstante, la presidencia democrática de Gallegos llegaría a su fin en poco menos de nueve meses, pues en el año 1948 un golpe de estado llevó al poder a una Junta Militar, presidida por los oficiales del Ejército del golpe de 1945: Carlos Delgado Chalbaud, Marcos Pérez Jiménez y Luis Felipe Llovera Páez.

Luego de asesinado Delgado Chalbaud el 13 de noviembre de 1950, la situación de inestabilidad política en el país llevó al poder a un civil, Germán Suarez Flamerich, quien gobernó la Junta y el país hasta 1952, año en que se forzaron unas elecciones generales, y mediante un fraude electoral se le entregó el poder a Marcos Pérez Jiménez. Durante el gobierno de Pérez Jiménez, se convocó a una Asamblea Constituyente no democrática, que elaboró la Constitución de 1953.

El 23 de enero de 1958 fue derrocado el gobierno de Pérez Jiménez, y el país se propuso un proyecto democrático, civil y republicano, y para ello era necesaria una nueva Constitución acorde con ese proyecto.

Con la elección democrática en diciembre de 1959 e instauración del nuevo Congreso de la República en marzo de 1959, de inmediato y durante los dos siguientes años, a través de una suerte de *proceso constituyente* en la práctica, se elaboró desde su seno la nueva Constitución, con un espíritu de unidad y un amplio consenso político entre todas las fuerzas políticas.

La Constitución de 1961 consagró un régimen democrático con un sistema de derechos y garantías constitucionales; la separación de poderes; un sistema de gobierno presidencial mediante votación universal, directa y secreta por mayoría simple; el bicameralismo parlamentario; el poder judicial con la Corte Suprema de Justicia a la cabeza; y un sistema federal con una cláusula para la descentralización y transferencia de competencias a los estados y municipios.

La Constitución de 1961 ha sido la que mayor tiempo y vigencia ha tenido en Venezuela, con el período de gobiernos civiles, libertad y democracia más largo de nuestra historia. La Constitución fue promulgada el 23 de enero 1961 y permaneció en vigencia -con los ataques de la ANC de 1999- hasta el 30 de diciembre 1999, cuando fue derogada en virtud de la Disposición Derogatoria Única de la Constitución de 1999 (publicada inicialmente en la *Gaceta Oficial* N° 36.860 de 30-12-99).

5. La Asamblea Nacional Constituyente de 1999

El proceso constituyente de 1999 surgió, en buena parte, como respuesta a otra crisis político-social imperante en Venezuela, gestada una década antes por múltiples factores -y que puede ser vista desde distintos enfoques. Sin embargo, situaciones socio-políticas se desencadenaron desde 1989 y especialmente durante la década de los 90, que incluyeron una acrecentada crisis político-partidista, una crisis de expectativas socio-económicas, hechos violentos, agravando aún más la situación, dos injustificables intentos fallidos de golpes de estado (1992).[38]

Sin embargo, la propuesta de la ANC se originó en la sociedad civil y algunos grupos políticos desde 1992. Posteriormente, la propuesta fue retomada por un candidato presidencial, quien alcanzó el poder mediante elecciones democráticas en 1998 y cuyo período comenzó el 2 de febrero de 1999: Hugo Chávez Frías. Con todas las insalvables críticas a la convocatoria de esa ANC, esta fue sometida a un *referéndum*, aunque bajo serias presiones políticas y sociales contra las instituciones constitucionales del país (Corte Suprema de Justicia y Congreso, entre otras), que probablemente no fueron lo suficientemente valientes y contundes para tomar las decisiones adecuadas y acertadas para hacer valer la supremacía de la Constitución de 1961, hasta que se aprobara una nueva Constitución.

---

[38] Entre los eventos violentos destacan: el Caracazo de 1989 y los dos intentos de golpes de Estado llevados a cabo el 4 de febrero de 1992 y el 27 de noviembre de ese mismo año.

La ANC de 1999 fue al final un proyecto del movimiento de un líder/caudillo militar y político, quien como teniente coronel del ejército formó parte de los comandantes militares que realizaron del primer intento del golpe de estado en 1992 (Hugo Chávez Frías), el cual había generado una serie de expectativas populares y cambios radicales durante su campaña electoral, con unos objetivos que no estaban para algunos tan clarificados inicialmente, y que cobraron un lamentable sentido poco tiempo después de que llegara a la presidencia. En efecto, en este contexto histórico, el entonces candidato presidencial Hugo Chávez, propuso abiertamente durante la campaña, la necesidad de convocar a una ANC para refundar la República, modificar los cimientos jurídicos y políticos del país y acabar con el descontento social[39]. Luego de obtener el triunfo en las elecciones de 1998, inmediatamente se abocó a cumplir con su ofrecimiento electoral entre sus primeros actos presidenciales, incluso antes de asumir formalmente el cargo.

No obstante, tal planteamiento a una ANC presentaba un grave problema de fondo: la Constitución de 1961, vigente hasta entonces, no contemplaba la figura de la ANC como mecanismo para modificar el Texto Fundamental, sino únicamente contemplaba la enmienda, para modificaciones parciales y, la reforma constitucional, para modificaciones generales que puedan dar lugar a una nueva Constitución[40].

---

[39] Declaraciones de Hugo Chávez, vídeo disponible en: https://www.youtube.com/watch?v=dUrRrUSP4mE&t=128s; GAR-CÍA, C., *El proceso constituyente de 1999: Crónica y algunas lecciones*, Revista Electrónica de Investigación y Asesoría Jurídica – REDIAJ, N° 11, Instituto de Estudios Constitucionales, Caracas, 2017, p. 1020. Disponible en: http://www.estudiosconstitucionales.com/RE-DIAJ/1017-1041.pdf.

[40] Constitución de la República de Venezuela de 1961, artículos 245 y 246.

La falta de previsión expresa de la ANC en la Constitución de 1961 -como en la mayoría de las constituciones- generó un gran debate político-jurídico liderado por dos posturas. La primera de ellas, afirmaba que el pueblo como depositario de la soberanía popular, estaba facultado para convocar el poder constituyente en cualquier momento, mediante consulta popular a través de un *referéndum* consultivo, sin que resultara exigible una modificación constitucional previa que estableciera la figura de la ANC.[41] Una segunda postura sostenía, que por respeto al principio de supremacía y rigidez constitucional contenido en el Texto Fundamental de 1961, era necesario realizar una reforma constitucional previa que permitiese incluir a la ANC como una institución jurídica formal legitimada para sustituir la Constitución de 1961.[42] Una vez incorporada a la Constitución este mecanismo, debía entonces activarse conforme a los requisitos que se hubiesen establecido en el Texto Fundamental.

Tal controversia fue presentada ante la Corte Suprema de Justicia para que, en su carácter de máximo intérprete de la

---

[41] En defensa de esta postura por considerar que una acción contraria implicaba "en el mejor de los casos, la excesiva dilatación en el tiempo de la creación de los instrumentos requeridos para el cambio y, en el peor supuesto, la inviabilidad de dicho cambio constitucional" véase, VICIANO, Roberto, y MARTÍNEZ, Rubén, *"Cambio Político y Proceso Constituyente en Venezuela (1998- 2000)*, Vadell Hermanos edits., Venezuela, 2001, p. 123.

[42] A favor de este planteamiento véase, BREWER-CARÍAS, Allan, *Poder Constituyente Originario y Asamblea Nacional Constituyente,* Colección Estudios Jurídicos, N° 72, Editorial Jurídica Venezolana, Caracas, 1999, p. 18; AVELEDO, R., *"Sobre los riesgos de reformar la Constitución por un medio no establecido en ella: visión del proceso constituyente venezolano de 1999"*, en CASAL, Jesús, y CHACÓN, Alma, (edits.) *El nuevo derecho constitucional venezolano*, UCAB, Caracas, 2000, p. 33.

Constitución, asumiera una postura decisiva. En ese sentido, mediante dos sentencias dictadas el 19 de enero de 1999, la Corte Suprema de Justicia en Sala Político-Administrativa, examinó ambiguamente las figuras de la soberanía popular, el poder constituyente y sus relaciones entre sí, evitando pronunciarse expresamente sobre el planteamiento principal del problema: si era posible o no convocar una ANC a la luz de la Constitución de 1961, sin necesidad de recurrir previamente a una reforma del texto constitucional.

En ese sentido, en la primera sentencia de esa fecha, con ponencia del magistrado Héctor Paradisi L., sin brindar mayores detalles, se limitó a considerar:

> *"(...) procedente convocar a un referendo en la forma prevista en el artículo 181 de la Ley Orgánica del Sufragio y Participación Política, para consultar la opinión mayoritaria, respecto de la posible convocatoria a una Asamblea Constituyente"*[43].

Conforme a lo anterior, se concluyó que el *referéndum* consultivo era un mecanismo apto para conocer la opinión del pueblo con relación a la convocatoria de una ANC, por ser la materia propuesta una consulta de trascendencia nacional.[44] Sin embargo, la sentencia no proporcionó información respec-

---

[43] Sentencia dictada Sala Político Administrativa de la Corte Suprema de Justicia de fecha 19 de enero de 1999, con ponencia del Magistrado Héctor Paradisi León, recurso de interpretación. Art. 4 de la Constitución de 1961 con relación al artículo 181 de la Ley de Sufragio y Participación Política.

[44] Al respecto ver BREWER-CARÍAS, Allan. *Reforma Constitucional y fraude a la Constitución: El caso de Venezuela 1999-2009*, s/f, p. 4. Disponible en: http://allanbrewercarias.com/wp-content/uploads/-2010/07/646-639.-REFORMA-CONSTITUCIONAL-Y-FRAUDE-A-LA-CONSTITUCI%C3%93N-Monterrey-2009.doc.pdf.

to a la posibilidad de convocar una ANC no prevista expresamente en el texto constitucional, sin modificarla previamente; así como tampoco señaló si esa consulta resultaba vinculante o no.

En la segunda sentencia de esa fecha, con la ponencia del magistrado Humberto La Roche, se hizo una referencia un poco más concreta al poder constituyente originario en los siguientes términos:

> *Es inmanente a su naturaleza de poder soberano, ilimitado y principalmente originario, el no estar regulado por las normas jurídicas que hayan podido derivar de los poderes constituidos, aun cuando éstos ejerzan de manera extraordinaria la función constituyente.*

> *Esta, indudablemente, es la tesis recogida por el propio constituyente de 1961, el cual, consagró normas reguladoras de la reforma o enmienda de la Constitución dirigidas al Poder Constituido y a un tiempo, incluso desde el Preámbulo, la consagración de la democracia como sistema político de la nación, sin soslayar, coherentemente, el reconocimiento de la soberanía radicada directamente en el pueblo.*

> *Ello conduce a una conclusión: la soberanía popular se convierte en supremacía de la Constitución cuando aquélla, dentro de los mecanismos jurídicos de participación, decida ejercerla[45].*

---

[45] Sentencia de la Sala Político Administrativa de la Corte Suprema de Justicia de fecha 19 de enero de 1999, con ponencia del Magistrado Humberto La Roche, recurso de interpretación. Art. 4 de la Constitución de 1961 con relación al art. 181 de la Ley de Sufragio y Participación Política.

A pesar de la ambigüedad de la decisión, es lo cierto que este fallo fue entendido como una habilitación para convocar una ANC, como poder constituyente originario, sin necesidad de modificar previamente el Texto Fundamental. Fue lo que coloquialmente se difundió como "pueblo mata Constitución". De allí, que no puede negarse que haya sido este fallo el que legitimó la propuesta del entonces Presidente Chávez de realizar una consulta popular, a los fines de preguntarle al pueblo si estaba de acuerdo con la convocatoria de una ANC.

Otra discusión, aún más trascendente, tuvo que ver con los poderes que asumiría la ANC, en el caso de aprobarse su convocatoria. En este sentido, en las "Bases Comiciales" que se propusieron en el *referéndum* consultivo para la convocatoria de la ANC, se establecía "el carácter originario que recoge la soberanía popular", dando a entender que sus facultades no iban a estar limitadas por la Constitución vigente para le época (1961)[46]. Esto generó un gran debate público, lo que originó la impugnación de la Resolución del Consejo Nacional Electoral ante la Sala Político-Administrativa de la Corte Suprema de Justicia, la cual, en sentencias del 18 y 23 de marzo de 1999, anuló parcialmente la mencionada Base Comicial, advirtiendo que la ANC estaría "vinculada al propio espíritu de la Constitución vigente"[47].

Otras sentencias posteriores de la misma Corte Suprema de Justicia, dictadas antes de la elección de los integrantes de la ANC ratificaban la vigencia de la Constitución de 1961 para

---

[46] Base Comicial Octava (y luego Décima) contenida en la Resolución N° 990323 del Consejo Nacional Electoral.

[47] El texto de ambas decisiones puede verse en BREWER-CARIAS, Allan, *Poder Constituyente Originario y Asamblea Nacional Constituyente*, Editorial Jurídica Venezolana, Caracas, 1999.

todo el proceso constituyente. Así, en una decisión del 21 de julio de 1999[48] se destacó que:

> *Por cuanto la Asamblea Nacional Constituyente, deriva de un proceso que se ha desarrollado dentro del actual marco del ordenamiento constitucional y legal, el mecanismo para su conformación se rige por todo el ordenamiento jurídico vigente, y específicamente, por las normas que a tal efecto se enunciaron en la Resolución N° 990519-154, del 19 de mayo de 1999, dictada por el Consejo Nacional Electoral, esto es, las Bases Comiciales aprobadas mediante Referendo del 25 de abril de 1999*, la Constitución de la República, *la Ley Orgánica del Sufragio y Participación Política, y las demás normas electorales dictadas al efecto por el Consejo Nacional Electoral* (...). *(Cursiva añadida)*.

El 25 de abril de 1999 se sometió a la voluntad popular la aprobación de la convocatoria de una ANC, vía referendo consultivo, en la cual no se autorizaron poderes originarios para esa ANC, sino que mientras se aprobaba una nueva Constitución, se sometía a la vigencia de la Constitución de 1961 y a los límites impuestos en las propias Bases Comiciales que fueron objeto de consulta popular. En ningún lado de la convocatoria electoral se hablaba de poderes ilimitados o supraconstitucionales[49]. Como lo resumía el profesor BREWER CARÍAS,

---

[48] Sentencia de la Sala Político Administrativa de la Corte Suprema de Justicia de fecha 21 de julio de 1999, con ponencia del Magistrado Hildegard Rondón de Sansó, recurso de interpretación interpuesto por Alberto Franceschi, Jorge Olavarría y Gerardo Blyde, candidatos por la Circunscripción Nacional a la Asamblea Nacional Constituyente, para conocer el marco normativo del proceso constituyente.

[49] El referéndum consultivo tuvo un resultado favorable a la propuesta de convocar una ANC, con el 71.73% de los votos escrutados.

durante el período de funcionamiento de la ANC necesariamente "continúa en vigencia la Constitución de 1961, la cual no puede ser violada ni siquiera por la propia Asamblea", por lo que, durante el breve lapso de su funcionamiento no tendría facultades para "derogar, modificar o suspender la vigencia de la Constitución de 1961"[50].

Sin embargo, a pesar de que la Corte Suprema de Justicia había tratado de dejar claro que la labor de la ANC estaría sometida a la Constitución vigente para la época (1961) y por ende sus facultades debían limitarse a la redacción de un proyecto de Constitución, cuando la ANC se instaló el 3 de agosto de 1999 y tuvo su primera sesión el día 8 del mismo mes, rápidamente precisó en su Estatuto de su Funcionamiento, que sus poderes serían originarios, "pudiendo limitar o definir la cesación de las actividades de las autoridades que conforman el Poder Público"[51]. Con ello, la ANC se separaba de los límites primigenios impuestos no solo por la Constitución y las decisiones judiciales previas, sino por la voluntad popular mediante el referendo consultivo que aprobó la convocatoria de la ANC y sus Bases Comiciales.

Con base en estos "poderes originarios" que la ANC se otorgó a sí misma, se dictaron una serie de actos destinados a controlar todos los ámbitos de los poderes del Estado, los cuales iban no solo al margen de la Constitución vigente, sino en abierta violación. Así, entre otras decisiones de la ANC, se dictó un *Decreto de Regulación de las Funciones del Poder Legislativo*, mediante el cual se dispuso la suspensión de las

---

[50] BREWER-CARIAS, Allan, *Poder Constituyente Originario y Asamblea Nacional Constituyente, op. cit.* pp. 256-257.

[51] Artículo 1 del Estatuto de su Funcionamiento publicado en *Gaceta Oficial* N° 36.786 del 14 de septiembre de 1999.

Cámaras Legislativas (nacional y estadales), dejando únicamente constituida una Comisión Delegada, con las funciones
que fueron establecidas en ese Decreto; se dictó un *Decreto de
Emergencia Judicial,* creando una Comisión de Emergencia
Judicial, la cual se encargó de realizar una "purga" general en
la judicatura, removiendo a discreción decenas de funcionarios
judiciales, para luego sustituirlos con nuevos jueces designa-
dos a dedo por comisiones creadas por la propia ANC. La
ANC también dispuso la suspensión de las elecciones municipales que estaban pactadas para el segundo semestre de 1999.

Por tanto, se puede decir que, durante su funcionamiento,
la ANC no sólo se encargó de redactar el proyecto de Constitución, sino que además se ocupó de intervenir todos los
demás poderes del Estado que no eran controlados por el partido de Gobierno, que era precisamente el mismo que confor-
maba, en más de un 90%, la ANC.

El Texto Constitucional sancionado por la ANC se sometió
a aprobación por un referendo aprobatorio[52]. Sin embargo, el
mayor de los atropellos a los principios y valores democráticos
vino luego de la aprobación del Texto Constitucional, con la
promulgación de un *Régimen Transitorio,* no solo contrario a
la propia *Constitución* recién aprobada, sino que el mismo no
fue aprobado por referendo: fue dictado por la misma ANC
que siguió funcionando a pesar de que ya el Texto Constitu-

---

[52] El 15 de diciembre de 1999, 2.982.395 personas expresaron su voto a
favor de aprobar el texto constitucional presentado por la ANC, compuesto por 1 preámbulo, 350 artículos, 1 disposición derogatoria, 18
disposiciones transitorias y 1 disposición final. Debido a errores de
gramática, sintaxis y estilo se publicaron 2 versiones en Gaceta Oficial, pudiendo observarse en la segunda de ellas (marzo de 2000) modificaciones e incorporaciones sustanciales, entre las que destacan la
inclusión de una exposición de motivos.

cional había sido aprobado y por tanto se habían extinguido sus funciones.

En efecto, luego de aprobada la *Constitución* elaborada por la ANC, ésta dictó el *Régimen de Transición del Poder Público*[53], el cual nunca fue sometido a votación popular, pero marcó el fin del principio de separación de poderes, sepultando todos los mecanismos institucionales de control del ejercicio del poder. En este Régimen Transitorio se nombraron los magistrados que integrarían el nuevo Tribunal Supremo de Justicia; a los nuevos miembros del Consejo Nacional Electoral; y a los titulares de la Fiscalía General de la República, de la Contraloría General de la República y de la Defensoría del Pueblo. En ese mismo Régimen Transitorio se creó una Comisión Legislativa (no regulada en la nueva *Constitución*) y se designaron a dedo sus integrantes (la mitad de ellos reclutados de ciudadanos no electos), para que actuara como órgano legislativo hasta que se eligiera la nueva Asamblea Nacional. Ello implicó la inmediata extinción, sin justificación alguna, del antiguo Congreso de la República aun antes de que se eligiera la nueva Asamblea Nacional.

De igual forma se disolvieron las Asambleas Legislativas estadales, creándose unas Comisiones Legislativas Estadales; y para el caso de las Alcaldías y Concejos Municipales se dispuso que sus titulares seguirían en el ejercicio de sus funciones, pero "bajo la supervisión y control de la Asamblea Nacional Constituyente o de la Comisión Legislativa Nacional"[54].

---

[53] *Gaceta Oficial* N° 36.859 del 29 de diciembre de 1999.

[54] Artículo 15 del Decreto que estableció el Régimen Transitorio de los Poderes Públicos en 1999-2000, publicado en la *Gaceta Oficial* N° 36.857 del 27 de diciembre de 1999.

Como puede observarse, con este Régimen Transitorio el partido de Gobierno, el cual dominaba la ANC, procedió a designar discrecionalmente a todos los integrantes de los distintos órganos del poder público bajo la nueva Constitución. Ello fue avalado por decisiones del recién nombrado Tribunal Supremo de Justicia, bajo la absurda tesis de la *supraconstitucionalidad*, lo que implicaba que los actos dictados por la ANC, incluso aquellos publicados después de aprobada la Constitución, no estaban sujetos a control alguno ni a la Constitución ni a los tratados sobre derechos humanos[55].

Ahora bien, al margen del desbordamiento de los límites que le habían sido impuestos a la ANC, y al margen del secuestro de todos los poderes del Estado mediante designaciones inconstitucionales, es lo cierto que la ANC de 1999 se dedicó, durante los 6 meses de su vigencia, a la elaboración de una nueva Constitución. Durante esos 6 meses se recogieron propuestas de diversos sectores del país y se llevó a cabo un proceso de discusión y aprobación de su articulado, el cual tenía carácter público. Es decir, se aprovechó el momento constituyente para que el Ejecutivo Nacional tomara control de todo el resto de las instituciones del Estado, evitando cualquier mecanismo de control; y en paralelo, también se dedicó durante esos 6 meses a elaborar una nueva Constitución que sustituyera a la Constitución de 1961.

Sin lugar a dudas, este modelo de ANC como monstruo devorador de toda la institucionalidad y acaparamiento político de los poderes del Estado, con ajustes fundamentales en su convocatoria y elección, se convirtió en el principal estímulo

---

[55] Estas decisiones pueden consultarse en BREWER-CARÍAS, Allan, *La Constitución de 1999. Derecho Constitucional venezolano*, Tomo II, Editorial Jurídica Venezolana, Caracas, 2000.

para que ahora, 19 años más tarde, se haya convocado e instalado una nueva ANC. En efecto, ello se hace luego de que el partido de Gobierno perdiera unas elecciones legislativas y luego de que la entonces Fiscal General de la República (Luisa Ortega Díaz) descubriera tardíamente su independencia y anunciara una serie de actuaciones contrarias a los intereses oficiales.

Pero quizás la diferencia más clara con el proceso anterior es que luce evidente que el objeto de la ANC del 2017 no es modificar la Constitución de 1999, la cual ha sido calificada por el mismo Presidente de la República, como "la mejor del mundo". Más bien, resalta la clara intención de manipular el proceso constituyente para eliminar los mecanismos de control que podían comenzar a implementarse a través de una Asamblea Nacional no controlada por el partido de Gobierno. Y así mismo, para utilizar la ANC para sustituir a la Fiscal General titular del Ministerio Público -mediante su destitución arbitraria y el nombramiento arbitrario de uno nuevo obediente al Gobierno-, para de esa forma retomar el control de la acción penal, lo que ha sido muy útil para las persecuciones políticas y para evitar investigaciones incómodas para los intereses gubernamentales.

II. BREVE CONCLUSIÓN SOBRE LAS ASAMBLEAS CONSTITUYENTES EN NUESTRA HISTORIA CONSTITUCIONAL

Los Congresos Constituyentes de 1811 y 1830, así como las Asambleas Constituyentes de 1864, 1947 y 1999, tuvieron como principal tarea preparar, deliberar y sancionar en un período promedio de seis (6) meses, las nuevas constituciones. Si bien todos estos cuerpos constituyentes adoptaron algunos actos de emergencia para la reorganización provisional de los poderes públicos, su principal tarea fue culminar en el menor lapso posible la elaboración y sanción de la nueva Constitución. Si bien los cuerpos constituyentes de 1811, 1830, 1864 y 1947 adoptaron estos tipos de actos, su justificación y necesidad se entiende por el momento constituyente originado en una revolución verdadera ocurrida y que había derogado (total o parcialmente) el orden jurídico vigente y necesitaba la construcción inmediata de uno provisional, mientras se adoptaba la nueva Constitución. Pero una vez entrada en vigor la nueva Carta Constitucional, esta comenzaba a regir; y las instituciones provisionales cesaron y se adaptaron a la nueva Constitución.

La excepción fue la ANC de 1999, que habiendo sido electa en democracia constitucional y con poderes públicos electos democráticamente, los intervino y reorganizó aun antes de contar con la nueva Constitución, y permitió que pervivieran luego de la entrada en vigor de la nueva *Constitución* (ej. Comisión de Emergencia Judicial luego Comisión de Reorganización y Funcionamiento del Poder Judicial), dictando un decreto de reorganización de todos los poderes públicos y nombrando a sus titulares "transitorios", y que entre otras cosas, creó una Comisión Legislativa integrada por supuestos legisladores no electos, devenido en llamarse el "Congresillo", que asumió las funciones legislativas mientras meses más tarde se elegía a una Asamblea Nacional.

CAPÍTULO II

LA ANC DE 2017.
EL LEVIATÁN DE LA CONSTITUCIÓN.
UN SUPRA PODER AL SERVICIO DEL
EJECUTIVO NACIONAL

El 1° de mayo de 2017, en medio de los ataques del Gobierno y su Tribunal Supremo de Justicia contra la Asamblea Nacional electa de mayoría opositora y de las protestas populares contra el Gobierno, el Presidente de Venezuela, Nicolás Maduro Moros, anunció en cadena de radio y televisión la convocatoria de una ANC a fin de "reformar el Estado y redactar una nueva constitución"[1], acto que fue formalizado el mismo día a través del Decreto N° 2.830[2].

A tenor de lo expresado en el referido Decreto, los propósitos de la convocatoria constituyente obedecen, entre otros, a la necesidad de garantizar la defensa de la soberanía e integridad de la nación; combatir el clima de impunidad reinante en el país; el "perfeccionamiento del sistema económico con un

---

[1] BBC Mundo (3 de mayo de 2017) *"¿Cuál es la apuesta del presidente Nicolás Maduro al convocar a una Asamblea Constituyente en Venezuela?"*. Disponible en: https://www.bbc.com/mundo/noticias-america-latina-39787877.

[2] *Gaceta Oficial Extraordinario* N° 6.225 del 1° de mayo de 2017.

nuevo modelo de distribución transparente" para abastecer a la población; la necesidad de constitucionalizar el poder comunal; a la necesidad de protegernos del intervencionismo extranjero; de vacunarnos "contra el odio social y racial"; de garantizar "el futuro de la juventud" y preservar "la vida en el planeta".

El 23 de mayo de 2017, fue publicado el Decreto N° 2.878 emanado del Presidente Nicolás Maduro Moros, el cual contiene las "Bases Comiciales"[3] de la ANC las cuales regulan su organización, los parámetros de postulación y el sistema de elección de los constituyentistas, y demás aspectos generales de su estructura. En las mismas se dispuso, entre otras cosas, que:

(i) Los integrantes de la ANC serían elegidos en el ámbito territorial y sectorial, este último dividido en trabajadores, campesinos y pescadores, estudiantes, personas con discapacidad, indígenas, pensionados, empresarios, y concejos comunales y comunas;

(ii) En el ámbito territorial serían electos 364 constituyentes y en el sectorial 173. La ANC tendría una conformación unicameral y solo se elegirían representantes principales;

(iii) La postulación de candidatos se presentará por iniciativa propia, por grupos de electores y por los sectores mencionados en el punto anterior;

(iv) Se prohibió la elección como integrantes de la ANC del Presidente de la República, el vicepresidente ejecutivo, los ministros, alcaldes, el Fiscal General de la República, el Defensor del pueblo, entre otros funcio-

---

[3] *Gaceta Oficial* N° 41.156 del 23 de mayo 2017.

narios mencionados, salvo que se separen del cargo una vez admitida la postulación por el Poder Electoral;

(v) La ANC se instalaría 72 horas después a la proclamación de los constituyentes y tendría como sede el Salón Elíptico del Palacio Federal Legislativo (sede de la Asamblea Nacional). De manera provisional se regirá por el Estatuto de Funcionamiento de la ANC de 1999 hasta tanto elabore el suyo;

(vi) Se establece como límites a la ANC los valores y principios de la historia republicana, el cumplimiento de los tratados internacionales, acuerdos y compromisos suscritos por la República, el carácter progresivo de los derechos fundamentales y las garantías democráticas.

En fecha 25 de mayo de 2017, la Presidenta del Consejo Nacional Electoral (en adelante, CNE), Tibisay Lucena, informó a la ciudadanía que los comicios para elegir los constituyentistas encargados de redactar la nueva Constitución se celebraría el 30 de julio del mismo año. El proceso de admisión y rechazo de las solicitudes de postulación culminó el 21 de junio, con la admisión de 6.120 candidatos para los 537 cargos por elegir, a los que se sumarían a los 8 constituyentes indígenas.[4]

La oposición política del país, agrupada en la Mesa de la Unidad Democrática, así como amplios sectores sociales, llamaron a la abstención, al denunciar no sólo la inconstituciona-

---

[4] En esa oportunidad, el CNE informó que fueron admitidas 3 mil 546 candidaturas para la representación territorial y 2 mil 574 para el ámbito sectorial: CNE - Nota de Prensa. (21 de junio de 2017), *"El CNE admitió 6 mil 120 candidaturas para elección de Asamblea Nacional Constituyente"*. Disponible en: http://www.cne.gob.ve/web/sala_prensa/noticia_detallada.php?id=3520.

lidad de la convocatoria a la ANC y de las Bases Comiciales, sino el ventajismo electoral y la abierta parcialización a favor del gobierno por parte del CNE.[5]

Los organismos del sector público fueron utilizados abiertamente como parte de la campaña para incentivar la participación ciudadana en la jornada electoral. En la mayoría de emblemas alusivos al proceso electoral constituyente pudo apreciarse la utilización de la figura del ex presidente Hugo Chávez.[6] La elección se llevó a cabo en la fecha pautada, en medio de un clima de gran tensión política y social que dejó al menos una decena de muertos en solo un fin de semana.[7] De conformidad con las cifras oficiales suministradas por el CNE en el primer boletín, los comicios habrían contado con una participación de 8.089.320 electores, lo que equivaldría al 41, 53% del padrón electoral[8].

---

[5] Mesa de la Unidad Democrática (03 mayo 2018): *"Unidad Democrática ratifica la no participación en fraudulentas elecciones del 20M"*. Disponible en: http://unidadvenezuela.org/noticias/8536=unidad-democratica-ratifica-la-no-participacion-en-fraudulentas-elecciones-del-20m.

[6] Así, por ejemplo, SENIAT (Servicio Nacional Integrado de Administración Aduanera y Tributaria, Poder Ejecutivo) Cuenta red social Twitter, (30 de julio de 2017) *"Seguimos fortaleciendo nuestras raíces y el legado del Comandante Eterno Chávez #VenezuelaEleccionesDePaz gracias al Pdte. @NicolasMaduro"*, Disponible en: https://twitter.com/i/web/status/891771443486261248.

[7] El País (31 de julio de 2017) *"Elecciones a la Asamblea Constituyente de Venezuela: el chavismo asegura que participaron 8 millones."* Disponible en: https://elpais.com/internacional/2017/07/30/actualidad/1501400955_927167.html

[8] Aporrea (30 de julio de 2017) *"CNE resultados elecciones ANC 2017" Primer Boletín*, video, Disponible en: https://www.youtube.com/watch?time_continue=121&v=qd1GA4fIKVY

Los resultados electorales del 30 de julio de 2017 para elegir a los constituyentistas que integrarían la ANC generaron serias y fundadas dudas sobre su legitimidad, considerando los reportes de baja participación y el hecho de que el sector de la oposición se abstuvo de participar en ese proceso comicial. Incluso, la empresa encargada de implementar la votación digital declaró públicamente que existieron grandes diferencias entre los resultados obtenidos y los anunciados por el CNE[9]. Adicionalmente, 40 países expresaron su rechazo a los comicios celebrados por considerar que no cumplían las garantías mínimas de transparencia[10].

A fin de repudiar la ola de ejecuciones arbitrarias ocurridas el día de la elección, la Mesa de la Unidad Democrática convocó a la población a sumarse a una jornada de protesta nacional para el día siguiente, el 31 de julio de 2017.[11]

Pese a ello, la ANC se instaló el 4 de agosto de 2017 en la sede de la Asamblea Nacional en el Palacio Federal Legislativo.[12] Desde entonces, una vez instalada la ANC, ha llevado a

---

[9] Véase, entre otras notas de prensa, recordamos BBC Mundo (2 de mayo de 2017) *"Smartmatic, la empresa a cargo del sistema de votación en Venezuela, denuncia "manipulación" en la elección de la Constituyente y el CNE lo niega"*. Disponible en: https://www.bbc.com/mundo/noticias-america-latina-40804551.

[10] DUNA (1 de agosto de 2017), *"Estos son los 40 países que rechazan la Asamblea Constituyente de Maduro"*. Disponible en: http://www.duna.cl/noticias/internacional/2017/08/01/estos-son-los-40-paises-que-rechazan-la-asamblea-constituyente-de-maduro/.

[11] El Nacional (30 de julio de 2017) *"MUD convocó protestas para este lunes en todo el territorio nacional"*. Disponible en: http://www.el-nacional.com/noticias/oposicion/mud-convoco-protestas-para-este-lunes-todo-territorio-nacional_196215.

[12] ANV (4 de agosto de 2017) *"Constituyentes ingresan al Palacio Federal Legislativo para instalación de la ANC. Cantaron el Himno*

cabo una serie de cuestionables actuaciones que nada tiene que ver con el mandato inherente a su naturaleza constituyente, y hacen necesario un análisis jurídico al respecto.

En virtud de lo anterior, procedemos a abordar a la luz del marco jurídico vigente: (i) la forma en que fue convocada la ANC y la legitimidad de su inusual convocatoria; (ii) el rol de la Sala Constitucional del Tribunal Supremo de Justicia en este proceso constituyente; (iii) la ilegítima imposición de las bases comiciales y (iv) las violaciones a los principios electorales.

I. LA ILEGÍTIMA E INCONSTITUCIONAL CONVOCATORIA DE LA ANC DE 2017

A diferencia de otros textos constitucionales, la Constitución de 1999 vigente, regula expresamente la institución de la ANC. Estas disposiciones constitucionales están precisamente destinadas a solventar de forma definitiva y permanente las dudas relativas a los requisitos para la convocatoria a una ANC y los sujetos titulares de la iniciativa constituyente que habían sido motivo de discusión durante la convocatoria de la ANC del año 1999. Estos artículos textualmente disponen:

> *Artículo 347. El pueblo de Venezuela es el depositario del poder constituyente originario. En ejercicio de dicho poder, puede convocar una Asamblea Nacional Constituyente con el objeto de transformar el Estado, crear un nuevo ordenamiento jurídico y redactar una nueva Constitución.*

> *Artículo 348. La iniciativa de convocatoria a la Asamblea Nacional Constituyente podrán tomarla el Presidente o Presidenta de la República en Consejo de Ministros; la*

---

sosteniendo cuadros de Chávez". Disponible en: https://twitter.com/-avnve/status/893508013251858433

Asamblea Nacional, mediante acuerdo de las dos terceras partes de sus integrantes; los Consejos Municipales en cabildo, mediante el voto de las dos terceras partes de los mismos; o el quince por ciento de los electores inscritos y electoras inscritas en el registro civil y electoral.

Artículo 349. El Presidente o Presidenta de la República no podrá objetar la nueva Constitución. Los poderes constituidos no podrán en forma alguna impedir las decisiones de la Asamblea Nacional Constituyente. Una vez promulgada la nueva Constitución, ésta se publicará en la Gaceta Oficial de la República Bolivariana de Venezuela o en la Gaceta de la Asamblea Nacional Constituyente. (Resaltados añadidos).

De estas normas puede desprenderse claramente que quien puede *convocar* a una ANC es el pueblo, como depositario y titular de la soberanía popular y del poder constituyente originario. A los fines de que el pueblo pueda decidir aprobar o no dicha convocatoria, debe realizarse una consulta popular (referendo), la cual se encuentra prevista en el artículo 71 de la misma *Constitución*[13].

---

[13]   Artículo 71. Las materias de especial trascendencia nacional podrán ser sometidas a referendo consultivo por iniciativa del Presidente o Presidenta de la República en Consejo de Ministros; por acuerdo de la Asamblea Nacional, aprobado por el voto de la mayoría de sus integrantes; o a solicitud de un número no menor del diez por ciento de los electores y electoras inscritos en el registro civil y electoral.

También podrán ser sometidas a referendo consultivo las materias de especial trascendencia parroquial, municipal y estadal. La iniciativa le corresponde a la Junta Parroquial, al Concejo Municipal o al Consejo Legislativo, por acuerdo de las dos terceras partes de sus integrantes; al Alcalde o Alcaldesa, o al Gobernador o Gobernadora de Estado, o a un número no menor del diez por ciento del total de inscritos en la circunscripción correspondiente, que lo soliciten.

Desde el inicio de la República hasta nuestros días, la soberanía popular como fundamento del ejercicio del poder y la representación, ha sido parte integrante del ordenamiento constitucional venezolano. Así, desde nuestra primera *Constitución* como fue la Constitución Federal para los Estados de Venezuela del año 1811, se contempló este principio. En este sentido, el artículo 144 de dicho Texto Constitucional, estableció:

> *La soberanía de un país o supremo poder de reglar o dirigir equitativamente los intereses de la comunidad, reside, pues, esencial y originalmente en la masa general de sus habitantes y se ejercita por medio de Apoderados o Representantes de éstos, nombrados y establecidos conformes a la Constitución*[14].

Por su parte, la Constitución de la Gran Colombia de 1821, sancionada en el Congreso de Cúcuta de ese año, contemplaba en su articulado una clara referencia al mismo principio. El artículo 2 de la Constitución de 1821 estableció claramente que la soberanía reside especialmente en la nación, afirmando que las autoridades gubernamentales son meros agentes o comisarios de esa nación, de los intereses de sus nacionales y ante ellos deben responder[15].

La continuidad del concepto republicano de soberanía popular mantuvo su vigencia tras la separación de Venezuela de la Gran Colombia, al ser consagrada por la Constitución de 1830 en los siguientes términos:

---

[14] Véase el texto en BREWER-CARIAS, Allan, *Las Constituciones de Venezuela, op. cit.* p. 553.

[15] Véase el texto en BREWER-CARIAS, Allan, *Las Constituciones de Venezuela, op. cit.* p. 649.

El pueblo no ejercerá por sí mismo otras atribuciones de la soberanía que la de las elecciones primarias, ni depositará el ejercicio de ella en una sola persona.[16]

En la actualidad, pese a la evolución de la técnica legislativa, el concepto de soberanía popular plasmado en la *Constitución* vigente continúa preservando ciertos rasgos históricos. Así puede apreciarse en el artículo 5 del texto fundamental que dispone:

La soberanía reside intransferiblemente en el pueblo, quien la ejerce directamente en la forma prevista en esta Constitución y en la ley, e indirectamente, mediante el sufragio, por los órganos que ejercen el Poder Público.[17]

En virtud de los postulados anteriores, la soberanía popular puede concebirse válidamente como el derecho y la potestad conferida a los ciudadanos para dirigir directa o indirectamente los intereses del Estado del que son nacionales. Tal precepto guarda un íntimo vínculo con el pensamiento republicano y democrático, según el cual la voluntad y actividad estatal es formada, ejercida y dirigida por los mismos ciudadanos que están sometidos a ella[18].

En aplicación de la figura de soberanía popular se ha sostenido hasta nuestros días que, el poder constituyente reside intransferiblemente en el pueblo, quien lo ejerce como una manifestación de la voluntad colectiva.[19] En otras palabras, el

---

[16] Constitución del Estado de Venezuela de 1830, artículo 7.

[17] Constitución de Venezuela de 1999. artículo 5.

[18] GARCÍA PELAYO, Manuel, *Derecho Constitucional*, 5ta Ed., Manuales de la *Revista de Occidente Bárbara de Braganza*, Madrid, p. 169.

[19] REY, Juan, "La Constitución sirve para todo", en BREWER-CARIAS, Allan, y GARCÍA, Carlos, *Estudios Sobre la Asamblea*

pueblo como titular de la soberanía popular es el único legitimado para *convocar* una ANC, a través de la cual decidirá elaborar su propia Constitución -o modificar los aspectos esenciales de la ya existente[20].

Por tanto, como lo explica el profesor CASAL, para la correcta interpretación de las normas constitucionales que se refieren a la ANC, se requiere analizar el contexto histórico en que fueron dictadas y los debates constituyentes de 1999. Así, tal y como hemos analizado *supra*, la ANC de 1999 fue producto de la *iniciativa* de un Decreto presidencial que junto con las Bases Comiciales, fue sometido a un referendo consultivo para que el pueblo como soberano decidiera, sobre la *convocatoria* este órgano constituyente para dictar una nueva Constitución y transformar el Estado. Por ello, los constituyentistas de 1999 replicaron en la nueva normativa constitucional el mismo procedimiento que utilizaron para instalar la ANC, ya que: "nunca se plantearon que los poderes constituidos se apropiaran del poder constituyente del pueblo"[21].

Del Diario de Debates de la ANC se desprende claramente que la "iniciativa de convocatoria" está supeditada a la celebración de un referendo consultivo para decidir su "convocatoria", tal y como estuvo plasmada en la propuesta para la nueva

---

Nacional Constituyente y su Inconstitucional Convocatoria en 2017 op. cit., pp. 39 y ss.

[20] HERNÁNDEZ, Lolymar, *"El Proceso Constituyente Venezolano de 1999"*, *op. cit.*, pp. 12-15; De forma similar, PALOMBELLA, Gianluigi, *Constitución y Soberanía. El sentido de la democracia constitucional*, Granada, 2000, p. 35.

[21] CASAL, Jesús, *"Comentarios sobre la convocatoria de una supuesta Asamblea Nacional Constituyente contenida en el Decreto N° 2.830, del 1° de mayo de 2017"*, en BREWER-CARIAS, Allan, y GARCÍA, Carlos, *op. cit.*, p. 260.

Constitución elaborada por el entonces Presidente, Hugo Chávez[22]. De hecho, todas las intervenciones de los constituyentistas, a la hora de discutir este articulado de la nueva Constitución de 1999, ratificaban la idea de que resultaba indispensable realizar un referendo consultivo previo para activar la convocatoria de una ANC[23].

Por ello, CASAL afirma que "sería un contrasentido histórico entender que después de la aprobación de la Constitución de 1999 es posible activar un proceso constituyente en términos menos democráticos (por antidemocráticos) a los que condujeron a la adopción de esa *Constitución*[24].

Sin embargo, a pesar de la claridad de las normas constitucionales, y a pesar del cercano precedente de la ANC de 1999 y de la noción elemental de la participación ciudadana para expresar la decisión de la soberanía popular, en esta nueva ocasión, el Presidente de la República, Nicolás Maduro, pretendió basarse en la mera "iniciativa" del artículo 348 de la Constitución, para usurpar la soberanía popular, al "convocar" él, directamente, a la ANC, fijando él las bases comiciales, sin consultar su aprobación a los ciudadanos venezolanos como titulares de la soberanía. Con ello, se prescindió del referendo, instrumento completamente necesario para que el pueblo, único titular de la soberanía, decida si activa o no este mecanismo de creación de una nueva Constitución y la aprobación de las

---

[22] CHÁVEZ, Hugo, *"Ideas Fundamentales para la Constitución Bolivariana de la V República"*, Caracas, Presidencia de la República, 1999.

[23] CASAL, Jesús, *"Comentarios sobre la convocatoria de una supuesta Asamblea Nacional Constituyente contenida en el Decreto N° 2.830, del 1° de mayo de 2017"*, *op. cit.* p. 262.

[24] *ibídem.* pág. 264.

bases comiciales para su convocatoria, elección y funcionamiento.

Frente a esta clara usurpación, resulta importante precisar la diferencia existente entre los términos "convocar" e "iniciativa" para llamar a una ANC. El primero ("convocar"), es exclusivo del pueblo, único titular del poder constituyente originario que puede decidir convocar a una ANC, y se ejerce por vía de un referendo; mientras que el segundo ("iniciativa"), se refiere a los sujetos legitimados para proponerle al pueblo que convoque una ANC.[25] Existe una clara diferencia jurídica entre los términos "convocar" e "iniciativa para convocar"; y, a la luz del ordenamiento jurídico venezolano, el único que puede "convocar" es el pueblo, como titular de la soberanía y del poder constituyente originario. Por lo cual, una actuación ajustada a Derecho por parte del Ejecutivo Nacional implica que, como sujeto legitimado en virtud del artículo 348 constitucional, puede dictar un decreto tomando la "iniciativa" para convocar al pueblo para que éste decida la "convocatoria" de una ANC -y le presente para su aprobación las bases comiciales, para que éste igualmente pueda expresar su conformidad o no mediante un referendo.[26]

Un ejemplo claro sobre estos conceptos sería confundir la "iniciativa" de ley que tiene el Presidente de la República

---

[25] BREWER-CARÍAS, A., *Sobre cómo se puede convocar en Venezuela una Asamblea Nacional Constituyente*, s/f, pp. 1-2. Disponible en: http://allanbrewercarias.com/wp-content/uploads/2017/05/154.-doc.-Brewer.-C%C3%93MO-CONVOCAR-CONSTITUYENTE-1-5-20*.0 17.pdf

[26] En defensa de la elección de una ANC con sumisión a los postulados del sufragio universal véase, SCHMITT., Carl., *Teoría de la Constitución [Verfassungslebre]*, trad. Francisco Ayala, 6ª ed., Alianza, Madrid, 2009, p. 133.

(artículo 204 de la *Constitución*) ante la Asamblea Nacional con la aprobación misma de la ley por la Asamblea Nacional (artículo 213 *eiusdem*). El Presidente tiene la iniciativa de presentar proyectos de ley a la Asamblea Nacional, pero no puede aprobarlos él mismo directamente, ya que ello le corresponde a dicha Asamblea.

En ese sentido, si el referendo consultivo arroja un resultado aprobatorio, es decir, si el pueblo decide aprobar: (i) convocar una ANC y (ii) sus bases comiciales; entonces deberá procederse, en consecuencia, a convocar el acto electoral para elegir a los diputados constituyentes integrantes de la misma mediante sufragio universal, secreto y directo, -tal y como sucedió en el año 1999 para la elaboración de la vigente *Constitución*. Debiendo por último, celebrarse un referendo aprobatorio para que el pueblo manifieste su conformidad con el nuevo Texto Constitucional sancionado por sus representantes.[27]

Pero al margen de la interpretación que pueda darse a la normativa constitucional y a la clara intención de quienes la redactaron, la simple lógica indica que, la posibilidad de modificar de raíz el ordenamiento jurídico y la transformación del Estado, no puede quedar ni en manos del Presidente de la República ni de unos delegados o funcionarios convocados por él, para un cuerpo diseñado por él, sin aprobación del pueblo como titular de la soberanía y por ende, del poder constituyente. En este sentido, valga insistir además, que la soberanía reside en el pueblo y éste se expresa mediante el sufragio universal[28]; y que el sufragio se ejerce mediante votaciones libres, universales, directas y secretas. La sola pretensión de desconocer estos valores fundamentales de la democracia constitucio-

---

[27] Artículo 347 y ss. de la Constitución de 1999.

[28] Artículos 5 y 63 de la Constitución.

nal, refleja no solo el temor a la decisión de la mayoría, sino un gravísimo fraude constitucional.

Hay que tener en cuenta que la ANC está destinada a cambiar un modelo político, para hacer una transformación radical del Estado y del ordenamiento jurídico, y no simplemente para agregar algunos postulados sociales o políticas gubernamentales. Al tratarse de una modificación global, se requiere de la mayor participación y legitimidad popular. No se trata de que un sector se imponga sobre otro, sino de un consenso político general, donde no haya duda de la decisión de la voluntad popular en la implementación del proceso constituyente. Resultaría claramente contradictorio, ilógico y hasta fraudulento, que un cambio constitucional radical se realice sin la aprobación previa y posterior del pueblo como titular del poder constituyente originario y de la soberanía.

No puede perderse de vista que uno de los avances más importantes de la *Constitución* de 1999, al menos a nivel normativo, fue la consagración de un sistema más directo de participación ciudadana y control de la gestión pública, es decir, un sistema de democracia participativa que controlara a su vez y complementara a la democracia representativa. Según los términos de la *Exposición de Motivos de la Constitución* se concibe "la gestión pública como un proceso en el cual se establece una comunicación fluida entre gobernantes y pueblo, implica modificar la orientación de las relaciones entre el Estado y la sociedad, para devolverle a esta última su legítimo protagonismo…".[29]

---

[29] Exposición de Motivos de la Constitución venezolana de 1999, que no fue aprobada en el referéndum aprobatorio de la ANC, sino incluida en la publicación posterior de la Constitución aprobada (Texto original publicado en la *Gaceta Oficial* N° 36.860 del 30 de diciembre

El principio general de ese "nuevo sistema participativo" se encuentra recogido en el artículo 6 de la *Constitución*, el cual establece que "El gobierno de la República Bolivariana de Venezuela y de las entidades políticas que la componen es y será siempre democrático, participativo, electivo, descentralizado, alternativo, responsable, pluralista y de mandatos revocables".

Además, otras normas particulares de la *Constitución* se refieren a la participación ciudadana en distintos ámbitos de la gestión pública, como por ejemplo: el artículo 55, se refiere a la participación en los programas destinados a la prevención, seguridad ciudadana y administración de emergencias; el artículo 62, establece la obligación del Estado de facilitar la generación de las condiciones más favorables para la participación del pueblo en la gestión pública; el artículo 66, consagra el derecho a que los representantes populares rindan cuentas públicas, transparentes y periódicas a sus electores; los artículos 63, 64, 67 y 68, se refieren al derecho al sufragio, a ser elegido, a la asociación política y a la manifestación pública; el artículo 79, se refiere al derecho de participación de los jóvenes; artículo 125, referido a la participación política de los indígenas; el artículo 143, referente al derecho a la información administrativa y al acceso a documentos oficiales; los artículos 168 y 173, referidos a la participación ciudadana en el ámbito municipal, parroquial y vecinal; el artículo 186, numeral 4°, referente a la competencia de la Asamblea Nacional para organizar y promover la participación ciudadana; los artículos 205 y 211, referentes a la iniciativa popular de las leyes y consultas legislativas; el artículo 255, garantiza la participación ciudadana en el proceso de selección de los jueces; y los

---

de 1999, y texto vigente en *Gaceta Oficial* N° 5908 del 19 de febrero de 2009 publicada con la Enmienda N° 1 de ese año).

artículos 341, 342, 344, 347 y 348, referentes a las iniciativas ciudadanas para poner en marcha los procesos de modificación constitucional.

Como puede observarse, la participación ciudadana en los asuntos públicos es una de las características fundamentales de la Constitución de 1999 y uno de los principios transversales y pilares centrales de nuestra democracia y Estado de derecho, pues se quiso abrir a los ciudadanos la posibilidad de intervenir en forma mucho más directa y constante en los asuntos públicos de gestión y gobierno.

Sería un enorme contrasentido pretender modificar radicalmente nuestro sistema político sin la aprobación ciudadana formal. Por eso, la Constitución le otorga la potestad de "convocatoria" a una ANC al pueblo como titular del poder constituyente originario, ya que resulta evidente que, para un asunto tan trascendente, debe contarse con su aprobación previa e indubitable. Y esa expresión indispensable de voluntad popular sólo puede obtenerse a través de un referendo consultivo para la aprobación previa de la "convocatoria" de la ANC y de sus bases comiciales, para la posterior elección de sus integrantes, a través de una votación ciudadana universal, directa y secreta[30].

---

[30] Artículo 63 y 64 de la Constitución de 1999.

Artículo 63. El sufragio es un derecho. Se ejercerá mediante votaciones libres, universales, directas y secretas. La ley garantizará el principio de la personalización del sufragio y la representación proporcional.

Artículo 64. Son electores o electoras todos los venezolanos y venezolanas que hayan cumplido dieciocho años de edad y que no estén sujetos a interdicción civil o inhabilitación política...

Lo que puede hacer el Presidente, la Asamblea Nacional, los Concejos Municipales y un número especial de electores es proponer la convocatoria (*iniciativa*) de una ANC, pero no su convocatoria misma. El poder constituido del Estado lo que puede es entonces tomar la iniciativa de proponerle al soberano que convoque a una Constituyente; y es el pueblo quien decide convocarla a través de una consulta refrendaria. Así, sólo el pueblo decide si quiere convocar la Constituyente y en qué condiciones (bases comiciales), respetando los límites derivados del *ius cogens* y el Derecho internacional de los derechos humanos.

De allí, que esta maniobra (o más bien fraude) del Presidente de la República, destinada a evitar la participación del pueblo en el asunto más trascendente de la vida de un Estado (la transformación de sus bases), ha implicado la puesta en marcha de un proceso constituyente que dista mucho de ser un pacto político, y más bien ha sido una imposición arbitraria y unilateral de quienes controlan el Gobierno y el Poder Judicial, en especial su jurisdicción constitucional.

II. LA SALA CONSTITUCIONAL AVALANDO EL FRAUDE CONSTITUYENTE

Frente a la clara violación constitucional a la que hemos hecho referencia, se buscó el pronunciamiento de la Sala Constitucional del Tribunal Supremo de Justicia. Este poder que no es independiente ni autónomo, no se hizo esperar. Así, el 9 de mayo de 2017 se introdujo un recurso de interpretación de los artículos 347 y 348 de la Constitución, a fin de conocer quién era el sujeto legitimado para convocar una ANC, solicitud que se expresó en los siguientes términos:

> (...) *visto la tempestividad con que se realizó la iniciativa pues ya el ciudadano Presidente de la República presento la iniciativa y el tiempo trascurre en contra del pue-*

blo (poder originario) que tiene la duda razonable y no entiende con certeza si la no realización de la consulta podría encuadrar como una violación flagrante de la constitución o si por el contrario ese es el procedimiento jurídico aplicable a los nuevos tiempos, esto requiere a petición de quien hoy recurre ante ustedes (...) presentar la presente solicitud de interpretación, (...) afín de que colme la incertidumbre (...) (se debe realizar la consulta al pueblo soberano antes de activar la Constituyente o ya no es necesario como lo aseguro el Ministro ARISTÓBULO ISTURIZ.

A fin de dar respuesta a la interrogante, mediante sentencia N° 378 del 31 de mayo de 2017[31], la Sala Constitucional analizó los artículos 347 y 348 de la *Constitución* y recordó que, contrario a lo que sucede con el texto constitucional vigente, la Constitución de 1961 no contemplaba la figura de la ANC. Asimismo, se pronunció dándole a la realización de una consulta popular el supuesto carácter de "potestativa", al señalar:

(...) no hay previsión alguna sobre un referéndum acerca de la iniciativa de convocatoria de una Asamblea Nacional Constituyente. Por otra parte, al consultar el contenido de la sesión 41 del 9 de noviembre de 1999, en el Diario de la Constituyente, esta Sala observó que en el desarrollo del debate correspondiente, la propuesta del Constituyente Manuel Quijada de que el pueblo pudiera convocar a la Asamblea Constituyente mediante un referéndum, fue negada.

---

[31] Sentencia N° 378, dictada por la Sala Constitucional del Tribunal Supremo de Justicia, en fecha 31 de mayo de 2017. Disponible en: http://historico.tsj.gob.ve/decisiones/scon/mayo/199490-378-31517-2017-17-0519.HTML.

Esta ausencia de previsión es, además, común a las otras modalidades de modificación constitucional, como lo son la Enmienda (Capítulo I) y la Reforma Constitucional (Capítulo II), ambas contenidas en el Título IX de la Carta Magna.

Ahora bien, ciertamente el artículo 71 eiusdem contempla la posibilidad opcional o facultativa de convocar a referendo consultivo las "materias de especial trascendencia nacional"; sin embargo, existen circunstancias objetivas sobrevenidas que ambientan el proceso de instalación de la Asamblea Nacional Constituyente, como es la aguda situación de la crisis política actualmente enfrentada y que ha provocado el decreto de un estado de excepción no concluido aún, que ha motivado la toma de decisiones genéricas, expeditas y de profundidad constitucional.

Posteriormente procedió a analizar el trato que la doctrina y el ordenamiento jurídico interno le da a las figuras de la democracia directa, participativa y protagónica, para finalmente concluir su veredicto sobre el tema sometido a interpretación diciendo:

(...) la Sala considera que no es necesario ni constitucionalmente obligante, un referéndum consultivo previo para la convocatoria de una Asamblea Nacional Constituyente, porque ello no está expresamente contemplado en ninguna de las disposiciones del Capítulo III del Título IX.

Como era de esperarse, la jurisdicción constitucional parcializada y dependiente de la Sala Constitucional del Tribunal Supremo de Justicia, no dudó en darle rápidamente la razón al Gobierno, a los fines de continuar con el proceso de convocatoria de la ANC por decreto presidencial. Para ello, realizó una insólita interpretación constitucional, claramente contraria a la letra y espíritu de la *Constitución*. Con ello, prácticamente vació de contenido el derecho ciudadano a ser consultado sobre materias de especial trascendencia nacional establecido en los artículos 71 *eiusdem*; y el derecho a la participación política contemplado en los artículos 62 de la Constitución y 25(a) del Pacto Internacional de Derechos Civiles y Políticos, suscrito y ratificado por la República[32].

En primer lugar, y como hemos visto *supra*, el artículo 347 de la *Constitución* vigente establece que, la convocatoria a una ANC reside en el pueblo, único titular del poder constituyente originario. Asimismo, el artículo 348 *eiusdem* señala expresamente como titulares de la *iniciativa* para consultarle al pueblo la posibilidad de convocar a una ANC, son: (i) al presidente de la República en Consejo de Ministros, (ii) la Asamblea Nacional, mediante acuerdo de las dos terceras partes de sus integrantes, (iii) los Consejos Municipales en cabildos, mediante el voto de las dos terceras partes de los mismos; y (iv) el quince por ciento de los electores inscritos en el registro electoral. Como fue analizado en el capítulo precedente, los términos "convocar" e "iniciativa de convocatoria" plantean atribuciones jurídicas distintas, lo que impide usarlos como sinónimos.

En ese sentido, resulta contrario a la *Constitución* pretender dotar al Ejecutivo Nacional de una atribución que no le ha sido conferida, como es la *convocatoria* a una ANC, inclusive fijando unilateralmente las bases comiciales, por ser ésta una materia de ejercicio exclusivo por el pueblo, quien ostenta de forma intransferible el poder constituyente originario. Tal y como opina la doctrina constitucional venezolana, admitir tal planteamiento resultaría violatorio del texto constitucional y

---

[32] *Gaceta Oficial Extraordinario* N° 2.146 publicada el 28 de enero de 1978.

desnaturalizaría la tesis del poder constituyente originario, que por esencia reside exclusiva e intransferiblemente en el pueblo de Venezuela[33].

En segundo lugar, es importante recordar que el ser consultado respecto a temas de interés nacional es un derecho ostentado por los venezolanos en virtud del artículo 71 de la *Constitución* y un principio democrático que se repite decena de veces en nuestro Texto Fundamental. Así, si el ciudadano tiene derecho a ser consultado de los asuntos públicos, no puede pensarse que la idea de convocar una ANC pueda escapar de esa consulta. No existe un asunto de mayor trascendencia nacional que el convocar un organismo con tantos poderes para transformar el Estado y nuestro ordenamiento jurídico. Si un asunto de esta naturaleza no es obligatorio consultarlo, entonces el resto de los temas públicos serían sencillamente ajenos al ciudadano.

Por otra parte, la interpretación realizada en este asunto por la Sala Constitucional, atenta no sólo contra las normas constitucionales expresas, sino contra la progresividad de los derechos humanos, en este caso al derecho a la participación política y el reconocimiento del pueblo como poder constituyente originario. Recordemos que en el año 1999 se realizó un referendo consultivo nacional, a los fines de preguntar si se estaba o no de acuerdo con convocar a una ANC y sobre sus

---

[33] Para un análisis de las distintas opiniones sobre la ilegítima convocatoria a la ANC, a espaldas del soberano, puede consultarse la obra colectiva, *Estudios sobre la Asamblea Nacional Constituyente y su Inconstitucional Convocatoria en 2017*, coordinada por Allan Brewer-Carías, Editorial Temis y Editorial Jurídica Venezolana, Bogotá, 2017, en dicha publicación, ver AYALA CORAO, Carlos (2017) *"La Asamblea Nacional Constituyente de Maduro -2017: fraude constitucional y usurpación de la soberanía popular (Inconstitucional e Inconvencionalidad de la Convocatoria y las Bases Comiciales"*.

bases comiciales. En esa oportunidad, la Corte Suprema de Justicia consideró que ese referéndum era indispensable para convocar una Asamblea Constituyente, argumentos que no fueron tomados en cuenta por la sentencia N° 378, aun cuando el artículo 347 de la Carta Magna establece que "el pueblo de Venezuela es el depositario del poder constituyente originario".

En tercer lugar, la Sala Constitucional, en su búsqueda desesperada de argumentos para tratar de justificar una ANC inconsulta, hizo un uso aberrante y claramente sesgado del Diario de Debates de la ANC de 1999. Al contrario de lo citado en su decisión, este Diario de Debates refleja claramente que la intención de la ANC fue, en forma unánime, la de entender que la convocatoria de una ANC debía realizarse mediante referendo consultivo.

Así, y para tan solo citar uno de los tantos pasajes que reflejan la posición de los constituyentes, frente a la posibilidad de instaurar mecanismos de revisión constitucional, sin consulta popular, el constituyente de 1999 Hermán Escarrá, asumiendo la vocería de la Comisión encargada de redactar los artículos contenidos en el actual Título IX de la Constitución, expresó lo siguiente:

> Se vería como incongruente de verdad que buscáramos cualquiera de las figuras sin la participación popular. De tal manera que la Comisión acoge realmente por unanimidad (...)

Como afirma el profesor CASAL, los constituyentes de 1999 "nunca se plantearon que los poderes constituidos se apropiaran del poder constituyente del pueblo, es decir, nunca pretendieron invocar el poder constituyente originario del pueblo para que este pudiera ejercerlo a través de ellos y finalmente entregarlo a los poderes constituidos, en evidente usurpación".[34]

Además, cabría preguntarse, ¿por qué la Sala Constitucional, en lugar de escavar con pinzas en los debates de la ANC de 1999, no se limitó a citar la Exposición de Motivos de la Constitución vigente? Y es que resulta que en la antesala del articulado de nuestro Texto Fundamental se señala que:

...el ejercicio de la soberanía por parte del pueblo... se convierte en herramienta indispensable del protagonismo popular, desterrando el sistema de cónclaves que decidían los destinos del país a espaldas de la sociedad.

Finalmente, resulta inaceptable el razonamiento utilizado ahora por la Sala Constitucional, al restringir el ejercicio del referido derecho de participación ciudadana, por considerar que existen circunstancias sobrevenidas que ameritan "la toma de decisiones genéricas, expeditas y de profundidad constitucional". La grave crisis que enfrenta Venezuela es un tema ampliamente conocido dentro y fuera de nuestras fronteras, sin embargo, es inaceptable utilizar esta situación como excusa para evitar el pronunciamiento popular en, probablemente, el asunto de mayor trascendencia nacional, como es la instauración de una ANC.

Sentencias como estas son las que ponen en evidencia la falta de independencia del Poder Judicial venezolano o más bien su evidente dependencia política, al punto que ha sido documentada y denunciada por diversas organizaciones e instituciones nacionales e internacionales, las cuales han puesto de manifiesto la enorme crisis que vive el sistema de administra-

---

[34] CASAL, Jesús, *"Comentarios sobre la convocatoria de una supuesta Asamblea Nacional Constituyente contenida en el Decreto N° 2.830, del 1° de mayo de 2017"*, op. cit. p. 262.

ción de justicia en Venezuela, producto de claras interferencias gubernamentales. La cantidad, calidad y contundencia de estos informes, muchos de los cuales son emanados de órganos de protección internacional creados por tratados sobre derechos humanos ya sea de la Organización de Naciones Unidas (ONU) o de la OEA, contribuyen a evidenciar que la falta de independencia del Poder Judicial venezolano no es cuestión de "opiniones" o de "enemigos del gobierno o la revolución bolivariana de Venezuela", sino de hechos claros, objetivos y concretos[35].

Esta falta de independencia del Poder Judicial venezolano, y sobre todo de su Tribunal Supremo de Justicia, es aún más evidente dentro de la jurisdicción que juzga los actos del Gobierno. La consecuencia necesaria de la falta de independencia judicial es la imposibilidad de controlar los abusos de poder que puedan afectar los intereses gubernamentales. Por eso, además de estos informes que denuncian la grave situación del sistema judicial venezolano, existen estudios estadísticos concretos de la jurisdicción contencioso-administrativa, donde se analizan todas las sentencias relacionadas con cuestionamientos de los actos, hechos u omisiones de los órganos del Estado, llegándose a conclusiones increíbles, donde en prácticamente todos los casos se le da la razón al gobierno[36].

---

[35] Las partes trascendentes de estos Informes puede verse en: AYALA CORAO, Carlos, "*El secuestro de la independencia judicial*" en Libro Homenaje a la Academia de Ciencias Políticas y Sociales en el centenario de su fundación (1015-2015), Tomo I, Caracas, Academia de Ciencias Políticas, 2015; y en CHAVERO GAZDIK, Rafael, *La Justicia Revolucionaria. Una década de Reestructuración (o involución) Judicial en Venezuela*, Caracas, Editorial Aequitas 2011, pp. 123 y ss.

[36] Al respecto, véase CANOVA, Antonio, HERRERA, Luis, RODRÍGUEZ, Rosa y GRATEROL, Giuseppe, *El TSJ al Servicio de la Re-*

Por tanto, la intervención de la Sala Constitucional para bendecir la ilegítima e inconsulta convocatoria de la ANC de 2017 por un acto aislado del Presidente de la República sin consultar al pueblo, era previsible, pues ha sido una constante la utilización de sus decisiones para lavarle la cara al Poder Ejecutivo, pues en definitiva el Tribunal Supremo de Justicia se ha convertido en principal derrotero y brazo ejecutor contra la democracia, del Estado de Derecho, la soberanía popular y los derechos humanos.

III. LA ILEGÍTIMA IMPOSICIÓN DE LAS BASES COMICIALES PARA LA CONVOCATORIA DE LA ANC DE 2017

Ese mismo 1° de mayo de 2017, mediante el Decreto N° 2.831 publicado en la misma Gaceta Oficial de la convocatoria a la ANC, el Presidente de la República Nicolás Maduro, creó una Comisión Presidencial para la elaboración de la propuesta de las Bases Comiciales sectoriales y territoriales, y los principales aspectos para la conformación y funcionamiento de la ANC. Dicha Comisión Presidencial quedó integrada por 14 miembros, todos ellos del oficialismo: Ministros, gobernadores, diputados, funcionarios y asesores[37].

Posteriormente, 23 de mayo de 2017 el Presidente de la República dictó el Decreto N° 2.878, mediante el cual dictó las

---

volución. La toma, los números y los criterios del TSJ venezolano (2004-2013), Caracas, Editorial Galipán, 2014; y AYALA CORAO, Carlos y CHAVERO GAZDIK, Rafael, *El Libro Negro del TSJ en Venezuela: Del secuestro de la democracia y la usurpación de la soberanía popular a la ruptura del orden constitucional (2015-2017)*, Editorial Jurídica Venezolana, Caracas, 2017.

[37] Nunca fue publicado algún Informe o papel de trabajo de esa Comisión Presidencial sobre la labor que le fue encomendada. Al punto que existen dudas legítimas de si realmente llegó a funcionar.

"Bases Comiciales" para la ANC, consistentes en once disposiciones sobre la forma de elección y el número de integrantes por los ámbitos territoriales y sectoriales.

En este sentido, dispuso que la ANC tendría una composición unicameral y solo se elegirían representantes o constituyentes principales, en los siguientes ámbitos:

(i) Los integrantes de la ANC serían elegidos en el ámbito territorial y sectorial. La ANC tendría una conformación unicameral y solo se elegirían representantes principales;

(ii) En el *ámbito sectorial* serían electos 173 constituyentes, y estaría constituido por los siguientes sectores: trabajadores, campesinos y pescadores, estudiantes, personas con discapacidad, indígenas, pensionados, empresarios, y concejos comunales y comunas;

(iii) En el *ámbito territorial* serían electos 364 constituyentes: uno por cada municipio, dos en los municipios capitales mediante lista y sistema proporcional y siete en el municipio Libertador de Caracas, mediante lista y sistema proporcional;

(iv) La postulación de candidatos se presentará por iniciativa propia, por grupos de electores y por los sectores mencionados en los puntos anteriores;

(v) Se prohibió la elección como integrantes de la ANC a los siguientes funcionarios y autoridades: el Presidente de la República, el Vicepresidente Ejecutivo, los ministros, alcaldes, el Fiscal General de la República, el Defensor del pueblo, -entre otros funcionarios mencionados-, salvo que se separen del cargo una vez admitida la postulación por el Poder Electoral;

(vi) La ANC se instalaría 72 horas después a la proclamación de los constituyentes y tendría como sede el Salón Elíptico del Palacio Federal Legislativo. De manera provisional se regirá por el Estatuto de Funcionamiento de la ANC de 1999 hasta tanto elabore el suyo; y

(vii) Se estableció como límites a la ANC: los valores y principios de la historia republicana, el cumplimiento de los tratados internacionales, acuerdos y compromisos suscritos por la República, el carácter progresivo de los derechos fundamentales y las garantías democráticas.

Posteriormente, debido a las críticas en la opinión pública del carácter unilateral e inconsulto de los decretos presidenciales y el riesgo de que la Constitución elaborada por la ANC no fuera de la aprobación de la mayoría del pueblo, el Presidente Maduro dictó otro Decreto, el N° 2.889 de fecha 4 de junio de 2017[38], mediante el cual dispuso "exhortar" a la ANC convocada, para que la Constitución que redacte, sea sometida a referendo aprobatorio popular.

A escasas 48 horas de haberse dictado y publicado el Decreto presidencial N° 2.878, mediante el cual dictó las "Bases Comiciales" para la ANC, el 25 de mayo de 2017 la Presidenta del Consejo Nacional Electoral (CNE), Tibisay Lucena, anunció en conferencia de prensa que dicho organismo había decidido aceptarlas y así convocar y fijar la fecha para la elección de los Constituyentes el día 30 de julio de ese año. Sin embargo, no fue sino unos pocos días después, el 7 de junio de 2017 cuando se publicó en la página o sitio web oficial del CNE la

---

[38] *Gaceta Oficial Extraordinario* N° 6.303 del 4 de junio de 2017.

Resolución N° 170607-119[39], dictada en esa misma fecha por dicho organismo, mediante la cual se dispuso convocar a dicha elección de Constituyentes para el día domingo 30 de julio de 2017.

Ese mismo 7 de junio de 2017, el CNE adoptó y publicó la Resolución N° 170607-118[40] mediante la cual el ente comicial expresó que había examinado las Bases Comiciales contenidas en la propuesta presentada por el Ejecutivo Nacional para la convocatoria y elección de la ANC y acordó aprobarlas con unas reformas parciales puntuales. Estas reformas consistieron básicamente, en primer lugar, en precisar las tres regiones indígenas para la elección de los 8 representantes: 4 por Occidente (Zulia, Mérida y Trujillo); 1 por la Sur (Amazonas y Apure); y 3 por Oriente (Anzoátegui, Bolívar, Delta Amacuro, Monagas y Sucre).

En segundo lugar, se precisó que, en el ámbito sectorial, se elegirán 173 Constituyentes de la siguiente manera:

A) 42 constituyentes electos nacionalmente, por el sistema de representación mayoritaria:

1) Campesinos y pescadores: 8

2) Personas con Discapacidad: 5

3) Empresarios: 5

4) Estudiantes: universidades públicas 11, privadas 3 y Misiones 10.

---

[39] CNE. Resolución N° 170607-119 del 7 de junio de 2017. Disponible en: http://www.cne.gob.ve/web/normativa_electoral/elecciones/2017/constituyente/documentos/resolucion170607-119.PDF.

[40] CNE. Resolución N° 170607-118 del 7 de junio de 2017. Disponible en: http://www.cne.gob.ve/web/normativa_electoral/elecciones/2017/constituyente/documentos/resolucion170607-118.PDF.

B) 79 Trabajadores constituyentes electos en listas nacionales por sub-sectores, por el sistema de representación proporcional:

1) Petróleo-Minería: 2

2) Social: 12

3) Comercio-Banca: 11

4) Servicio: 14

5) Construcción: 4

6) Industria: 6

7) Transporte: 2

8) Administración Pública: 17

9) Por cuenta propia: 11

C) 24 constituyentes representantes de Comunas y Consejos Comunales electos por entidad federal por el sistema de representación mayoritaria: uno (1) en cada uno de los 23 estados y uno en el Distrito Capital.

D) 28 pensionados constituyentes electos nominalmente por regiones, por el sistema de representación mayoritaria:

1) Capital: 7,

2) Central: 4,

3) Llanos: 2,

4) Centro-Occidente: 6,

5) Andes: 4,

6) Guayana: 1,

7) Insular: 1, y

8) Nororiental: 3.

En cuanto a la postulación en el ámbito sectorial por el sector correspondiente, el CNE introdujo un número de firmas requerido (en lugar del 3% del registro): 500 firmas para las personas discapacitadas, campesinos y pescadores, empresarios y pensionados; y 1.000 firmas para los estudiantes y los trabajadores. Sin embargo, en el caso de las Comunas y los Consejos Comunales solo se estableció como requisito la certificación de la comisión electoral permanente del ente al que pertenece el candidato.

El resto de las Bases Comiciales dictadas por el Presidente de la República en sus dos decretos fueron aprobadas y publicadas sin cambios por el CNE en esta Resolución.

Ya hemos expuesto que, tanto la convocatoria a la ANC como la aprobación de las Bases Comiciales fueron hechas de manera unilateral por el Presidente Maduro, con la colaboración activa y decisiva del CNE y la Sala Constitucional. Sin embargo, las Bases Comiciales tampoco fueron sometidas a la aprobación del pueblo como titular del poder constituyente y único convocante de una ANC. Por ello, estas Bases Comiciales, igualmente configuran una usurpación de la soberanía popular y un fraude a la *Constitución*[41].

Además, el contenido mismo de las Bases Comiciales decretadas por el Presidente Maduro, es contrario a los principios

---

[41] En Adelante, seguimos lo expuesto en AYALA CORAO, Carlos (2017) *"La Asamblea Nacional Constituyente de Maduro -2017: fraude constitucional y usurpación de la soberanía popular (Inconstitucional e Inconvencionalidad de la Convocatoria y las Bases Comiciales"* en la obra colectiva, *Estudios sobre la Asamblea Nacional Constituyente y su Inconstitucional Convocatoria en 2017*, coordinada por Allan Brewer-Carías, Editorial Temis y Editorial Jurídica Venezolana, Bogotá, 2017.

constitucionales y convencionales del derecho al sufragio a través de votaciones universales, libres e iguales.

IV. LA VIOLACIÓN DEL PRINCIPIO DE LA UNIVER-SALIDAD DEL VOTO

El sufragio es un derecho constitucional ciudadano que se ejerce mediante votaciones libres, universales, directas y secretas, con base en el principio de personalización del sufragio y la representación proporcional[42]. Además, conforme al principio de igualdad y no discriminación, son electores todos los ciudadanos[43] que hayan cumplido 18 años de edad y que no estén sujetos a interdicción civil o inhabilitación política[44].

Este derecho de todo ciudadano a elegir (sufragio activo), en términos generales, debe ser equivalente al derecho a postularse para ser electo (sufragio pasivo). En este sentido tanto el *Pacto Internacional de Derechos Civiles y Políticos* (PIDCP) como la *Convención Americana sobre Derechos Humanos* (CADH) reconocen el derecho de todos los ciudadanos de votar y ser elegidos en elecciones periódicas auténticas, realizadas por sufragio universal e igual y por voto secreto que garantice la libre expresión de la voluntad de los electores[45].

En palabras de NÖHLEN, la universalidad del sufragio significa que "todo ciudadano tiene derecho a elegir y ser elegido independientemente de sexo, raza, lengua, ingresos o propiedad, profesión, estamento, o clase social, educación,

---

[42] Artículo 63 de la Constitución de 1999.

[43] Artículo 62 de la Constitución de 1999.

[44] Artículo 64 de la Constitución de 1999.

[45] Artículo 25.b y Artículo 23.1.b, respectivamente.

religión o convicción política"[46]. Conforme a NÖHLEN, la universalidad del sufragio puede verse restringida indebidamente por medio de la exclusión directa de determinados grupos de la población, por limitación o imposición de un censo o por otras restricciones irrazonables.

En el caso de las Bases Comiciales para la elección de los Constituyentes a la ANC convocada ilegítimamente para el año 2017, se incurrió en varias violaciones al principio de la *universalidad* del sufragio o voto[47]:

1. ***En primer lugar, en el ámbito sectorial, por la exclusión de determinados grupos de la población***

Conforme a las Bases Comiciales, la elección de constituyentes en el ámbito sectorial, sólo pueden ejercerlo tanto de manera activa (elegir) como de manera pasiva (ser electos), los ciudadanos que integran esos grupos taxativamente. En otras palabras, los ciudadanos venezolanos que no integran alguno de esos sectores, no pueden votar ni ser electos.

Esos sectores habilitados por el Decreto presidencial que analizamos arriba (campesinos y pescadores; personas con discapacidad; empresarios; pensionados; estudiantes; trabajadores; Comunas y Consejos Comunales) excluyen a una gran parte de los ciudadanos que no integran estos sectores especí-

---

[46] NÖHLEN, Dieter. *Sistemas electorales y partidos políticos*. México, 1995, pág. 20.

[47] Ver AYALA CORAO, Carlos (2017) *"La Asamblea Nacional Constituyente de Maduro -2017: fraude constitucional y usurpación de la soberanía popular (Inconstitucional e Inconvencionalidad de la Convocatoria y las Bases Comiciales"* en obra compilada por BREWER-CARIAS, Allan., *op. cit.* y GARCÍA SOTO, Carlos, *Estudios Sobre la Asamblea Nacional Constituyente y su Inconstitucional Convocatoria en 2017, op. cit.,* pp. 229 y ss.

ficos, pero que forman parte de otros sectores no reconocidos ni habilitados para ejercer este derecho al sufragio, como son entre otros, a título de ejemplo: las amas de casa, los trabajadores de la economía informal, los desempleados, los profesionales por cuenta propia, los profesores universitarios, los académicos, la juventud no escolarizada, las personas de la tercera edad sin trabajo ni jubilación formal, etc.

Pero la sola idea de la "sectorialización" de los ciudadanos para ejercer el derecho al sufragio viola la universalidad del sufragio. La única excepción aceptada por las constituciones latinoamericanas y el Derecho Internacional, es el de los representantes de los pueblos indígenas, por razones de su preexistencia, historia pre-hispánica, cosmovisión, cultura, religión, idioma y demás particularidades propias, que ha permitido que también constitucionalmente se reconozcan a los Estados como multiétnicos y pluriculturales[48].

Aparte de la excepción anotada, la obligación de pertenecer a determinado grupo o sector para poder ejercer el derecho a votar es contrario al derecho al sufragio de "todo" ciudadano. En este sentido, con ocasión de la sentencia de la Corte Interamericana de Derechos Humanos (en adelante CorteIDH) en el caso *Yatama*, el juez JACKMAN sostuvo lo siguiente:

> *La ratio expuesta en el punto (4) supra es una interpretación innecesariamente indirecta y potencialmente desorientadora de la naturaleza del derecho consagrado en el artículo 23.1.b, cuyos lenguaje y propósito no podrían ser más claros. Un "ciudadano" -quien debe ser obviamente una "persona" y no un grupo, en los términos del artículo 1.2– tiene un derecho absoluto "de votar y ser elegido" en elecciones democráticas, tal como lo establece*

---

[48] Artículo 125 de la Constitución de 1999.

el referido artículo. De ese modo, cualquier requisito de que un "ciudadano" deba ser miembro de un partido político o de cualquier otra forma de organización política para ejercer aquel derecho viola claramente tanto el espíritu como la letra de la norma en cuestión[49].

En virtud de ello, las Bases Comiciales al dividir parcialmente a los electores en siete (7) sectores para elegir 173 constituyentes por los *ámbitos sectoriales*, violó el principio de la universalidad del sufragio. Para la elección de un cuerpo deliberante nacional, el sufragio puede organizarse por circuitos electorales de base poblacional, que, en caso de un Estado federal como Venezuela, lo procedente es que se organice por los veintitrés estados miembros de la unión más el Distrito Capital.

Estos sectores para la elección de la ANC lucen como sistema corporativo fascista, el cual establecía la división en veintidós áreas, a cada una de las cuales se asignaba una "corporación". En cada corporación, los representantes de los grupos de organización fascista de los obreros, los empresarios y el gobierno, actuaban bajo la dirección del ministro de corporaciones y en última instancia por el mismo Duce[50].

---

[49] Corte IDH. *Caso Yatama Vs. Nicaragua*. Excepciones Preliminares, Fondo, Reparaciones y Costas. Sentencia de 23 de junio de 2005. Serie C N° 127, p. 4.

[50] Las cámaras corporativas finalmente terminaron por integrarse al Estado propiamente dicho, de modo que en 1938 la Cámara de los diputados fue sustituida por una Cámara de Fascios y Corporaciones. De este modo se pretendía que la legislatura no represente a los partidos políticos sino a los trabajadores, siendo estos una molécula viva dentro del organismo del Estado Fascista. Ver los comentarios sobre La Doctrina del Fascismo de Benito Mussolini, entre otras fuentes en: MARRA, Realino. *Aspetti dell'esperienza corporativa nel periodo fascista*, en Annali della Facoltà di Giurisprudenza di Genova,

2. En segundo lugar, por la exclusión de ciudadanos venezolanos del derecho a postularse

Con relación al derecho a la participación política en una democracia consagrado en los instrumentos internacionales sobre derechos humanos, la Unión Interparlamentaria Mundial ha formulado una declaración afirmando que el ejercicio del sufragio es universal, igual y secreto, de manera que todos los electores puedan escoger sus representantes en condiciones de igualdad, apertura y transparencia, lo cual supone el derecho "a postular en iguales condiciones a sus candidatos para elecciones y a expresar sus posiciones por sí mismo o por medio de otros"[51].

La asignación del voto por sectores excluye a los electores a postularse por el ámbito sectorial si no pertenecen a uno de los sectores arbitrariamente escogidos. Conforme a las Bases Comiciales en el ámbito sectorial, los candidatos solo pueden ser postulados por el sector correspondiente, para lo cual deben presentar una constancia de pertenecer a dicho sector postulante y recibir para ello el respaldo de un porcentaje del Registro de dicho sector[52].

XXIV-1-2., 1991-1992: y WIARDA, Howard. *Corporativism and Comparative Politics*, London, 1996.

[51] *Universal Declaration on Democracy*, párr. 12, Inter-Parliamentary Union, Cairo, 1997, Positions Regarding Human Rights Issues, Geneva, 1998, p. 42.

[52] Conforme vimos anteriormente, en cuanto a la postulación en el ámbito sectorial por el sector correspondiente, el CNE introdujo un número de firmas requerido (en lugar del 3% del Registro): 500 firmas para las personas discapacitadas, campesinos y pescadores, empresarios y pensionados; y 1.000 firmas para los estudiantes y los trabajadores. Sin embargo, en el caso de las Comunas y los Consejos Comunales, solo se establece: la certificación de la comisión electoral permanente al ente al que pertenece el candidato.

Pero además las Bases Comiciales introducen la exclusión general del derecho a postularse a todos los venezolanos por naturalización y a los venezolanos por nacimiento que posean otra nacionalidad. En efecto, conforme a la Base Séptima, numeral 1, tanto del Decreto presidencial como de la Resolución del CNE, exige ser "venezolana o venezolano por nacimiento, sin otra nacionalidad".

Se trata claramente de una exclusión inconstitucional e inconvencional, discriminatoria por arbitraria, irrazonable y desproporcionada. Conforme a la *Constitución*, "todos" los venezolanos mayores de 18 años de edad ejercen la ciudadanía, y en consecuencia, son titulares de derechos y deberes políticos[53]. La *Constitución* postula como principio general la igualdad de derechos políticos entre los venezolanos por nacimiento y los venezolanos por naturalización (que hubieren ingresado al país antes de cumplir 7 años de edad y residido en él permanentemente hasta alcanzar la mayoridad)[54]. Incluso la *Constitución* amplió los cargos que pueden ser ejercidos por los venezolanos por naturalización -y que antes estaban reservados a los venezolanos por nacimiento-. Así los venezolanos por naturalización que tienen domicilio con residencia ininterrumpida en el país no menor de 15 años, podrán desempeñarse como: diputados a la Asamblea Nacional, ministros, gobernadores y alcaldes de los estados y municipios no fronterizos[55]. Si bien los derechos políticos son privativos de todos los venezolanos (ciudadanos), incluso los extranjeros, que hayan cumplido 18 años de edad y con más de 10 años de residencia

---

[53] Artículo 39 de la Constitución de 1999.

[54] Artículo 40 de la Constitución de 1999.

[55] Artículo 41 de la Constitución de 1999.

en el país, tienen derecho al voto para las elecciones parroquiales, municipales y estadales[56].

A pesar del principio general de la igualdad de los derechos políticos entre todos los venezolanos, la *Constitución* vigente estableció de manera taxativa y por tanto de interpretación restrictiva, determinadas excepciones a dicho principio constitucional de igualdad ciudadana, para postularse y a ejercer ciertos cargos públicos altos. En este sentido, se listan los cargos que están reservados a los venezolanos por nacimiento y sin otra nacionalidad: Presidente de la República, Vicepresidente Ejecutivo, Presidente y Vicepresidentes de la Asamblea Nacional, magistrados del Tribunal Supremo de Justicia, Presidente del Consejo Nacional Electoral, Procurador General de la República, Contralor General de la República, Fiscal General de la República, Defensor del Pueblo, Ministros de los despachos relacionados con la seguridad de la Nación, finanzas, energía y minas, educación; Gobernadores y Alcaldes de los Estados y Municipios fronterizos y aquellos contemplados en la ley orgánica de la Fuerza Armada Nacional. Si bien se trata de un tema discutible, en todo caso es de estricta "reserva constitucional", ya que como vimos la *Constitución* consagra el principio general de la igualdad de derechos políticos entre los venezolanos (ciudadanos). Por lo cual, cualquier otra restricción o exclusión o discriminación para ocupar funciones o cargos públicos entre ciudadanos venezolanos que no sean las dispuestas expresamente en la *Constitución* viola el principio de igualdad ciudadana por ser discriminatoria.

En consecuencia, el Decreto presidencial sobre las Bases Comiciales para la ANC, al establecer como requisito para postularse como candidato a ser electo constituyente, la condi-

---

[56] Artículo 64 de la Constitución de 1999.

ción de ser "venezolano por nacimiento y sin otra nacionalidad", viola la *Constitución* por excluir de manera discriminatoria a los demás ciudadanos venezolanos, tanto por naturalización como por nacimiento.

3. *En tercer lugar, la postulación por sectores viola la universalidad del voto*

Como hemos visto, la universalidad del sufragio incluye la
posibilidad del elector de postularse en el circuito electoral. La
"sectorialización" de los circuitos electorales por grupos de
actividad política, social, económica, profesional o de cualquier otra índole similar, es claramente una regresión contraria
a la universalidad del sufragio.

Mediante el mecanismo particular impuesto en las Bases
Comiciales, se requiere, no solo pertenecer al sector, sino que
un número de electores del registro de ese sector apoyen dicha
postulación. Incluso en el caso de las Comunas y los Consejos
Comunales, se requiere la certificación de la comisión electoral permanente a la que pertenece el candidato.

Se trata por tanto no de una ANC sino de un cuerpo donde
más del 30% de sus integrantes (1/3 parte) es de base sectorial
o corporativa; y, además, como veremos a continuación, ni
siquiera nacional. Ello configura una fractura de la soberanía
popular no solo inconstitucional sino contraria a los principios
fundamentales republicanos y de la democracia[57].

---

[57] Artículos 2, 3, 5, 6 y 7 de la Constitución de 1999.

4. En cuarto lugar, la representación territorial por municipios sin proporción a la base poblacional, viola la universalidad del voto y el carácter del Estado federal descentralizado

La *Constitución* vigente establece que Venezuela es un "Estado federal descentralizado" en los términos consagrados en dicha *Constitución*, el cual se rige por los principios de integridad territorial, cooperación, solidaridad, concurrencia y corresponsabilidad[58]. Ello tiene como consecuencia, que el territorio nacional de la República se divide en los veintitrés estados y el Distrito Capital, y éstos a su vez se organizan en municipios[59].

De allí que el cuerpo deliberante y representativo nacional como es la Asamblea Nacional, esté integrado por representantes (diputados) elegidos en cada estado y en el Distrito Capital como las entidades federales: tres diputados fijos y los demás diputados según la base del 1,1% de la población del país[60]. Este número de diputados de base poblacional da lugar a la creación de los circuitos electorales en cada entidad federal, que pueden o no coincidir con la división municipal dependiendo de su distribución geográfica. En nuestra historia republicana democrática esta ha sido la forma como se ha integrado la cámara de diputados (ej. 1947 y 1961), la ANC de 1999 y la Asamblea Nacional a partir de la *Constitución* de 1999.

Siendo la ANC un cuerpo representativo nacional, sus miembros deben representar a la población nacional; y tratándose de un Estado federal, la representación debe organizarse

---

[58] Artículo 4 de la Constitución de 1999.

[59] Artículo 16 de la Constitución de 1999.

[60] Artículo 186 de la Constitución de 1999.

con base al porcentaje de la población en cada estado y el Distrito Capital.

No obstante, las Bases Comiciales para la ANC de 2017 asignaron arbitrariamente la representación territorial a los "municipios" como entidades político-territoriales, independientemente de su base poblacional. Así, conforme a las Bases Comiciales segunda y tercera, la ANC estaría integrada por 364 constituyentes escogidos territorialmente: 1 constituyente por municipio; 2 constituyentes por cada uno de los municipios capitales de los estados; y 7 constituyentes en el caso del Municipio Libertador de Caracas.

De esta manera se evidencia que todos los municipios del país, independientemente de su población, tienen asignado el mismo número de representantes: 1; y los municipios de las capitales de cada uno de los 23 estados del país independientemente de su población, tienen asignado también el mismo número de representantes: 2. Y así mismo, el Distrito Capital como sede de la capital nacional, tiene asignados 7 representantes, sin tener relación alguna con su base poblacional.

Al tomar al municipio como entidad jurídico-territorial para la representación en la ANC y no la población del estado y ni siquiera la población del municipio, se generan severas distorsiones que afectan gravemente la universalidad –y como veremos la igualdad- del sufragio.

La representación territorial de la ANC prácticamente es en su mayoría (2/3 partes) una especie de asamblea de municipios y no de la población de éstos. Ello viola el principio de representación del pueblo y de los estados en su conjunto[61], para convertir a la ANC en una representación de la persona

---

[61] Artículo 201 de la Constitución de 1999.

jurídico-territorial de los municipios con prescindencia de su base poblacional. Por ello, este sistema impuesto por las Bases Comiciales presidenciales igualmente violó el principio de la representación de la población sobre la base poblacional de cada uno de los veintitrés estados y el Distrito Capital del Estado venezolano como Estado federal descentralizado.

V. VIOLACIÓN DEL PRINCIPIO DE LA IGUALDAD DEL VOTO

Como hemos visto, el sufragio es un derecho de todo ciudadano que se ejerce mediante votaciones libres, universales, directas y secretas, con base en el principio de personalización del sufragio y la representación proporcional. Y conforme al principio de igualdad y no discriminación, son electores todos los ciudadanos que hayan cumplido 18 años de edad y que no estén sujetos a interdicción civil o inhabilitación política[62].

Este derecho de todo ciudadano a elegir debe respetar el principio de "una persona un voto" o lo que es lo mismo "un ciudadano un voto". De allí la importancia de que los distritos o circuitos electorales sean diseñados sobre la base poblacional. Y si bien es casi imposible que todos los circuitos electorales tengan exactamente el mismo número de electores, el diseño de éstos debe guardar relaciones de estricta simetría razonable y proporcional, y no ser arbitrarios.

La igualdad del sufragio como lo afirma SIEFERT es "hoy (en las democracias occidentales), prácticamente el más importante de todos los principios del derecho electoral"[63]. Este principio implica que la influencia del voto de todos los elec-

---

[62] Artículos 61, 62, 63 y 64 de la Constitución de 1999.

[63] SEIFERT, Karl Heinz, 1976, pág. 50 citado por Nohlen, Dieter, "Sistemas electorales...", op. cit., p. 22.

tores es igual, es decir, que hay una igualdad cuantitativa de los votos de los electores, especialmente en el ámbito de la distribución de las circunscripciones electorales.

Sobre el particular, el Comité de Derechos Humanos (ONU) ha reiterado el principio fundamental de "un ciudadano un voto" para que el voto de un elector tenga igual valor que el de otro; y, en consecuencia, la importancia de la delimitación de los circuitos electorales, la cual no puede dar como resultado una discriminación contra ninguna persona ni grupo de personas:

> *Aunque el Pacto no impone ningún sistema electoral concreto, el sistema electoral vigente en un Estado Parte debe ser compatible con los derechos amparados por el artículo 25 y garantizar y dar efecto a la libre expresión de la voluntad de los electores. Debe aplicarse el principio de un voto por persona y, en el marco del sistema electoral de cada uno de los Estados, el voto de un elector debe tener igual valor que el de otro. La delimitación de los distritos electorales y el método de asignación de votos no deben desvirtuar la distribución de los votantes ni comportar discriminación alguna contra ningún grupo, ni tampoco excluir o restringir en forma irrazonable el derecho de los ciudadanos a elegir libremente a sus representantes[64].*

En el mismo sentido, la Comisión Interamericana de Derechos Humanos (CIDH) al resolver el caso *Andrés Aylwin Azócar y otros vs Chile*, sostuvo como principio, que en la regla-

---

[64] Comité de Derechos Humanos, Comentario General N° 25 del Pacto Internacional de Derechos Civiles y Políticos, aprobado el 27 de agosto de 1996. Disponible en:

http://tbinternet.ohchr.org/_layouts/treatybodyexternal/Download.aspx?symbolno=CCPR%2fC%2f21%2fRev.1%2fAdd.7&Lang=en

mentación del derecho a votar los Estados no pueden reducir o diluir la posibilidad efectiva de ejercer ese derecho, como ocurre cuando se da mayor fuerza a determinados votos:

La Comisión entiende que los derechos a la igualdad política anteriormente citados establecen la imposibilidad de que los Estados miembros de la Convención Americana den un tratamiento irrazonable distinto o desigual a sus ciudadanos a la hora de elegir a sus representantes. Por ello, estos derechos implican que los Estados partes no pueden reducir o diluir la posibilidad efectiva de elegir a sus representantes, dar mayor fuerza a los votos emitidos por otros miembros del colectivo, así sean representantes populares[65].

Sin embargo, la representación de la ANC asignada por las Bases Comiciales tanto en el ámbito sectorial como en el territorial (municipal), como hemos visto, no guarda relación alguna de proporcionalidad ni mucho menos de igualdad con la base poblacional. En otras palabras, la asignación de constituyentes por sectores y por municipios como las circunscripciones electorales, no tiene una relación igual entre la población (o el electorado) y el número de constituyentes que deben ser elegidos en relación con la proporción nacional (clave de la representación).

1. *En el ámbito sectorial*

Conforme vimos, las Bases Comiciales asignan 173 constituyentes sectoriales a elegir, de la siguiente manera:

---

[65] CIDH, Informe N° 137/99, Caso 11.863, Andrés Aylwin Azócar y otros vs Chile, de fecha 27 de diciembre de 1999, p. 97. Disponible en: http://www.cidh.org/annualrep/99span/De%20Fondo/Chile11.863.htm.

a) 42 en lista nacional: 8 Campesinos y Pescadores, 5 Personas con Discapacidad, 5 Empresarios, 24 Estudiantes: 11 universidades públicas, 3 privadas y 10 Misiones;

b) 79 Trabajadores en listas nacionales por sub-sectores: 2 Petróleo-Minería, 12 Social, 11 Comercio-Banca, 14 Servicio, 4 Construcción, 6 Industria, 2 Transporte, 17 Administración Pública, y 11 por cuenta propia;

c) 24 representantes de Comunas y Consejos Comunales electos: uno en cada uno de los 23 estados y uno en el Distrito Capital; y

d) 28 Pensionados electos por regiones: 7 Capital, 4 Central, 2 Llanos, 6 Centro-Occidente, 4 Andes, 1 Guayana, 1 Insular y 3 Nororiental.

No se conoce sobre qué base poblacional se asignaron este número de representantes por sector ni por cada sub-sector. Pero en realidad, en la mayoría de los sectores y sub-sectores ni siquiera se conoce ni existe un registro o padrón de sus integrantes, como en el caso de los campesinos y pescadores, los trabajadores sobre todo por cuenta propia y los empresarios; en otros casos, como el de los estudiantes, incluso la mayoría de las universidades públicas y privadas se negaron a enviar sus registros de su matrícula estudiantil; y en el caso de las Misiones Socialistas, por sus características y circunstancias mutables no son confiables, al depender dicho registro – cuando existe- del propio gobierno (Ministerios) que es parte interesada en el proceso electoral, como también es el caso de las Comunas y Consejos Comunales.

Los votos de, por o en sectores o colectivos han sido considerados violatorios del principio de igualdad, ya que tienen por efecto la disminución del voto popular igualitario, al diluir el valor real de éste y privilegiar grupos, instituciones y hasta funcionarios.

Y aun cuando todos los electores tuvieran el voto sectorial, no hay justificación alguna para que esos sectores elijan el 31% de la totalidad de los constituyentes, y que algunos de los sectores y subsectores elijan más constituyentes que los habitantes de los municipios de varios estados, rompiendo aún más con los principios de la universalidad y la igualdad del voto. Por lo cual, la representación por sectores para la ANC por las Bases Comiciales es violatoria del principio constitucional y convencional de igualdad del voto.

2. *En el ámbito territorial*

Como se dijo, al ser la ANC un cuerpo representativo nacional, sus miembros deben representar a la población; y tratándose de un Estado federal, la representación debe organizarse con base al porcentaje de la población en cada estado y el Distrito Capital.

Pero, las Bases Comiciales asignaron arbitrariamente la representación territorial de 364 constituyentes escogidos a los municipios sin relación con su población. Ciertamente el error –voluntario y de mala fe para distorsionar la representación– está en tomar al municipio como entidad jurídico-territorial para la representación por igual en la ANC y no la población del estado o incluso (aunque no sería lógico para un cuerpo nacional) la población del municipio, afectando así al principio de la igualdad del sufragio.

Esta representación "territorial" al asignar un constituyente por municipio (2 por municipio capital de estado) independientemente de la base poblacional, rompe el principio de una persona un voto. Al convertir al territorio del municipio, tal cual sin modificación, en un circuito electoral, se distorsiona por completo la igualdad en la representación poblacional del voto, ya que cada municipio urbano es distinto en población a los otros y los municipios urbanos son distintos en población que los rurales o selváticos.

La distorsión se incrementa de manera absurda cuando constatamos que cada uno de los distintos estados de Venezuela son quienes han creado sus propios municipios de manera no uniforme y sin relación con la población nacional, a través de las leyes de división político territorial de cada estado, dictadas por sus propios poderes legislativos (Consejos Legislativos antes Asambleas Legislativas). Así, por ejemplo, el estado Falcón es el que más ha creado municipios: 25, por lo cual según las Bases le corresponde elegir 26 constituyentes (1 más en el municipio capital Coro), es decir el 7,14% de todos los constituyentes territoriales a la ANC. Solo por esta razón, este es el estado de Venezuela que más constituyentes elegiría para la ANC. Pero ello no guarda relación alguna con la población total del estado Falcón es de 1.029.638 habitantes (2,95% de la nacional[66]) ni con el registro electoral del estado que es de 665.712 electores (3,36%). Ni la población de estos municipios ni el número de sus electores en el estado Falcón guardan relación alguna con los 26 constituyentes que le fueron asignados por decreto: en resumen, los 26 constituyentes de Falcón equivalen al 7,14 del total de los 364 constituyentes territoriales, pero según la base poblacional del estado Falcón le corresponderían menos de la mitad, ello es, el 2,95%.

Ello contrasta, por ejemplo, con el estado Lara, su estado vecino y adyacente, el cual tiene creados 9 municipios, por lo

---

[66] Se toma como cifra el último censo nacional proyectado, que da una población nacional de Venezuela de 34.902.824 habitantes aproximadamente.

que le corresponde elegir 10 constituyentes (1 más en el municipio capital Barquisimeto), es decir apenas el 4,12% de los constituyentes territoriales. Pero la población total del estado Lara es más del doble de la del estado Falcón: 2.219.211 habitantes (6,36%) vs 1.029.638 de Falcón; y el registro electoral del estado cuenta con 1.256.710 electores (6,35%) vs 665.712 de Falcón. De allí que el estado Falcón, con la mitad de la población que el estado Lara, sin embargo, tiene asignados para elegir dos veces y media más constituyentes que Lara. En el estado Falcón, cada uno de los 26 constituyente representa o cuesta 25.604 votos del total de los electores inscritos; mientras que en el estado Lara, cada uno de los 10 constituyentes equivale a 83.781. Ello es claramente contrario al principio de igualdad en el voto.

En el Distrito Capital, eminentemente urbano, ocurre otra distorsión grave, ya que a pesar de tener un solo Municipio (Libertador), con el argumento de ser la capital del país, en las Bases Comiciales el Presidente Maduro le asignó 7 constituyentes, pero ello equivale únicamente al 1,92% de los constituyentes territoriales. Sin embargo, siendo su población de 3.137.710 habitantes (8,98%) y 1.658.012 (8,37%) sus electores inscritos, cada constituyente de los 7 asignados equivaldría a 236.858 electores inscritos. La ruptura del principio de la igualdad del voto se hace nuevamente patente en este caso.

Y así se pueden hacer todo tipo de combinaciones, cálculos y ecuaciones para concluir en lo mismo: la sub-representación de los estados con mayor población predominantemente urbana; mientras que existe una sobre-representación de los estados con población predominantemente rural. Esto pone en evidencia que el voto de los electores venezolanos en ciertos municipios de los estados de población predominantemente urbanos vale mucho menos que el voto de los electores de los estados de población predominantemente rurales. Ello viola el principio de un ciudadano igual a un voto, lo cual exige un alto grado de equivalencia o simetría razonable entre los electores de los distintos circuitos electorales del país.

En conclusión, las Bases Comiciales de la ANC al establecer la representación "territorial" sobre la base igualitaria del territorio de los municipios –como personas jurídico-territoriales equivalentes al circuito electoral– cuyo número es creado por cada estado de manera no uniforme y sin base en la población nacional ni de los estados, imponen a los ciudadanos desigualdades absurdas, extremas y discriminatorias. Por lo cual, la representación territorial dispuesta en las Bases Comiciales viola el principio de igualdad del sufragio y el voto igual en circunscripciones electorales sobre la base poblacional.

En suma, con estas distorsiones creadas con las Bases Comiciales, el Gobierno buscó controlar la ANC con una minoría pro gubernamental, utilizando los sectores diseñados y controlados en buena parte por el Gobierno. Se puede decir, entonces, que se trató de un traje diseñado a la medida, buscando algo claramente irónico, que una minoría se impusiera sobre la mayoría. Para colmo, frente a tan arbitraria convocatoria, el sector mayoritario de la oposición decidió abstenerse de participar en las elecciones de la ANC de 2017, con lo cual el control gubernamental sobre la ANC fue unánime.

CAPITULO III
ATRIBUCIONES Y LÍMITES DE LA ANC DE 2017

El establecimiento de límites es un presupuesto esencial en la configuración de todo Estado de Derecho, donde el poder se encuentra distribuido en distintos órganos, cada uno con unas competencias jurídicamente prestablecidas y sometidas a control[1]. El poder constituyente no escapa de esta realidad, al contrario, por definición ha sido dotado de una atribución primordial: elaborar una nueva Constitución; y este mismo postulado conlleva límites para su actuación.[2]

Por ello, es común en diversos sistemas de Derecho Comparado, que donde se establece la posibilidad de designar un órgano o ente para llevar adelante una creación o modificación constitucional, se limitan sus funciones a la elaboración y sanción de un proyecto constitucional, sin que pueda intervenir el resto de las funciones del Estado.

En este sentido, conviene entonces preguntarse: ¿tiene límites la ANC, una vez que ha sido convocada e instalada?

---

[1] WOLFGANG, Ernst. *"Estudios sobre el Estado de Derecho y la democracia",* trad. Rafael De Agapito, 1ª ed., Trotta editorial, Madrid, 2000, p. 122.

[2] Diccionario de la Real Academia Española, *Constituyente.* Disponible en: http://dle.rae.es/srv/search?m=30&w=constituyente.

¿Cuál es su rol: redactar una nueva Constitución o puede también dirigir toda la acción del Estado, sustituyendo ilimitadamente al resto de los poderes públicos?

Independientemente de la adversidad de estas interrogantes, no hay duda que bajo la tesis política del control del poder que se impuso en la ANC de 1999, quienes han motorizado ambos procesos constituyentes (1999 y 2017) entienden que durante el funcionamiento de éste órgano constituyente, de manera absurda y arbitraria, todos los demás poderes del Estado quedan sometidos la ANC, incluso aun antes de adoptarse la nueva Constitución (teoría de la "supraconstitucionalidad"). Y como vimos, a pesar de que la voluntad popular se expresó sin otorgar esos poderes originarios, la ANC de 1999 se los abrogó una vez instalada[3].

Nada más peligroso y violatorio de los principios del Estado Constitucional de Derecho que esta tesis sobre la supuesta "supraconstitucionalidad" de la ANC. Esta potestad extraordinaria que ahora pretende legitimarse en la vigente *Constitución*, permite la creación de un órgano absoluto e ilimitado,

---

[3] El artículo 1 del Estatuto de Funcionamiento de la ANC de 1999 disponía lo siguiente:

La Asamblea Nacional Constituyente es la depositaria de la voluntad popular y expresión de su soberanía con las atribuciones del Poder Originario para reorganizar el Estado venezolano y crear un nuevo ordenamiento jurídico democrático. La Asamblea, en uso de las atribuciones que le son inherentes, podrá limitar o definir la cesación de las actividades de las autoridades que conforman el Poder Público. Su objetivo será transformar el Estado y crear un nuevo ordenamiento jurídico que garantice la existencia efectiva de la democracia social y participativa. Parágrafo único: Todos los organismos del Poder Público, quedan subordinados a la Asamblea Nacional Constituyente y están en la obligación de cumplir y hacer cumplir los actos jurídicos estatales que emita dicha Asamblea Nacional.

que no está sujeto a la *Constitución* ni incluso al resto Derecho, sino a su sola voluntad. Con ello, pretende evadir incluso los límites impuestos por el Derecho internacional, se rompe el principio de separación de poderes y los mecanismos de pesos y contrapesos, que deben llevar a cabo las otras ramas del Poder Público para asegurar la libertad. Con esa tesis absolutista del poder constituyente, se deja incluso a un lado la potestad del juez constitucional para controlar y corregir los abusos causados por las arbitrariedades de la ANC, con lo cual se destruye una pieza imprescindible del sistema democrático.

Pero lo cierto es, que esta tesis de los poderes originarios, supraconstitucionales e ilimitados de la ANC de 1999, se quiso mantener de alguna manera con la *Constitución* que surgió de ese proceso constituyente, toda vez que el artículo 349 del actual Texto Fundamental dispone de manera ambigua que, "[l]os poderes constituidos no podrán en forma alguna impedir las decisiones de la Asamblea Nacional Constituyente."

De igual forma, la sentencia de la Sala Constitucional del Tribunal Supremo de Justicia del 31 de mayo de 2017, mediante la cual se pretendió legitimar la convocatoria de la ANC de 2017, insistió en el carácter ilimitado de la ANC, al señalar que:

> (...) *la Constitución no puede limitar la Asamblea Constituyente, pues, al ser ésta la expresión directa de la soberanía popular, no admitía limitaciones".*

No obstante, la citada norma constitucional debe ser objeto de una interpretación de contexto y finalística, y por tanto restrictiva, que le dé sentido democrático y constitucional.

En las Bases Comiciales de la ANC en 2017, si bien se pretendió consagrar ese poder originario e ilimitado de la ANC, sin embargo, se establecieron unas limitaciones concretas. En efecto, en la Base Comicial Undécima se estableció una disposición equivalente a la aprobada por referendo popular en 1999:

Una vez instalada la Asamblea Nacional Constituyente como poder originario que recoge la soberanía popular, deberá dictar sus estatutos de funcionamiento, teniendo como límites los valores y principios de nuestra historia republicana, así como el cumplimiento de los tratados internacionales, acuerdos y compromisos válidamente suscritos por la República, el carácter progresivo de los derechos fundamentales de los ciudadanos y las ciudadanas y las garantías democráticas dentro del más absoluto respeto de los compromisos asumidos. *(Cursivas añadidas).*

A pesar de ello, ya desde 1999 la Corte Suprema de Justicia y luego el Tribunal Supremo de Justicia, hicieron caso omiso a las importantes consecuencias jurídicas de esta cláusula, renunciando a ejercer el control de sus actos y enviando un mensaje sobre el carácter ilimitado de los actos de la ANC.

Es fundamental insistir que por un lado la *Constitución* establece que los poderes del Estado no pueden impedir las decisiones de la ANC, pero al mismo tiempo, los electores (quienes son los que detenta la soberanía popular, conforme a lo dispuesto en el artículo 5 de la misma *Constitución*[4]) eligieron unos integrantes de esa ANC, sujetándolos e imponiéndoles ciertos límites, esto es, el respeto de nuestros valores republicanos, los tratados internacionales y el carácter progresivo de

---

[4]   Artículo 5.- La soberanía reside intransferiblemente en el pueblo, quien la ejerce directamente en la forma prevista en esta Constitución y en la ley, e independientemente, mediante el sufragio, por los órganos que ejercen el Poder Público.

Los órganos del Estado emanan de la soberanía popular y a ella están sometidos.

los derechos fundamentales. Y entonces cabe preguntarnos: ¿Qué pasaría si una decisión de la ANC desconoce un principio fundamental republicano o restringe un derecho fundamental en forma involutiva? ¿Puede, por ejemplo, la Sala Constitucional (órgano del poder constituido) anular esas decisiones? La respuesta evidentemente es afirmativa, ya que, si la ANC está sujeta a esos límites, es el deber y la atribución de los jueces constitucionales, verificar si los actos de la ANC son compatibles con aquéllos.

Pero absurdamente, se trata de una interrogante que surge desde el mismo momento que se asume que una ANC puede realizar funciones abiertas e ilimitadas distintas a la elaboración y sanción de un proyecto de Constitución, que luego será sometido a referendo aprobatorio. Esta es la principal distorsión de la que se ha querido aprovechar el Gobierno, para imponer este órgano con supuestas potestades absolutas sin control, y de esta forma, burlar todos los principios democráticos que imponen, necesariamente, un sistema de separación de poderes.

Evidentemente que estas facultades absolutas e ilimitadas de la ANC han sido utilizadas por el Gobierno en 1999 y luego en el 2017, para reestructurar e intervenir los poderes públicos aun no controlados políticamente, e imponer así su voluntad absoluta.

Se ha querido imponer en Venezuela, con algunos antecedentes en nuestra historia constitucional, aunque no iguales, al menos desde 1999, que la labor de la ANC no se limita a elaborar un proyecto de Constitución y, a todo evento, garantizar la transición del funcionamiento del Estado. Como veremos en los capítulos siguientes, en el caso de la ANC de 2017, esta distorsión ha sido extremadamente dramática, pues luego de dos años de instalada la ANC, no ha salido a la luz pública ninguna propuesta de modificación constitucional, no se han designado comisiones encargadas de redactar títulos y capítulos de la nueva Constitución, no se ha convocado a los distintos sectores del país a presentar propuestas de cambios constitucionales; y en fin, sencillamente no se ha iniciado el debate de las supuestas normas constitucionales que se quieren modificar o crear.

Vale la pena destacar que asumir que la ANC tiene poderes supraconstitucionales e ilimitados y, por ende, puede realizar funciones de los otros poderes del Estado y en particular de la Asamblea Nacional, genera graves problemas de legitimidad adicionales, pues frente a sus actuaciones cabe preguntarse ¿cuál será el destino de los actos dictados por la ANC si el proyecto constituyente no llega a aprobarse finalmente? ¿qué sucedería con el pretendido poder constituyente originario de la ANC si el proyecto constituyente que presenten a los electores del país no es aprobado en referéndum? Más aún cuando la ANC de 2017 se impuso sin ningún tipo de legitimidad popular.

Reconocerle a la ANC poderes de cualquier función estatal, implica aceptar, *a priori*, su eventual producto final. Cuando en realidad es perfectamente posible, que un proyecto de nueva Constitución no sea aprobado por el soberano, lo cual dejaría en una situación claramente irregular, todas las decisiones dictadas durante su período de funcionamiento.

La labor de la ANC de 2017 ha estado absolutamente al margen de su rol principal y fundamental, y más bien ha estado dirigida a intervenir en los pocos espacios no controlados por el partido de Gobierno como es la Asamblea Nacional, para pretender sustituirla y perpetuar un poder absoluto e incontrolable, lo que ha llevado, entre otras decisiones, la destitución de la Fiscal General de la República; el allanamiento de la inmunidad parlamentaria de los diputados de la Asamblea

Nacional; la asunción de poderes legislativos ordinarios que le corresponden a la Asamblea Nacional, la convocatoria a elecciones presidenciales, regionales y municipales (fuera de los períodos constitucionalmente establecidos), entre otras decisiones.

Tales actos son contrarios a la potestad expresa que le ha sido conferida a la ANC por la *Constitución*, por lo que es erróneo considerar que el ejercicio de las mismas corresponde a funciones inherentes a la redacción del texto constitucional. Debido a todo lo antes expuesto, las actuaciones de una ANC antes de aprobarse la nueva Constitución, no estarían cubiertas por la inmunidad contenida en la prohibición del artículo 349 de la *Constitución*, el cual no resultaría aplicable y los poderes derivados podrían (y hasta deberían) actuar en consecuencia.

Indudablemente, con la ejecución de tales actos la ANC ha extralimitado su marco de actuación y se ha convertido en un supra-poder dotado de las más excéntricas atribuciones que han violado abiertamente la *Constitución*, y que han desnaturalizado la esencia del órgano, e inobservan el cometido para el cual fue convocado: redactar una nueva Constitución.

La ANC dictó el 8 de agosto de 2017 un *Decreto constituyente* mediante el cual se dictaron las normas para garantizar el pleno funcionamiento institucional de la ANC en armonía con los Poderes Públicos constituidos[5], en cual se estableció:

(i) La vigencia de la *Constitución* de 1999 *en todo aquello que no colide o sea contradictorio con los actos derivados de la ANC;*

(ii) La legitimidad de la ANC para decretar medidas sobre competencias, funcionamiento y organización de los

---

[5] *Gaceta Oficial Extraordinaria* N° 6.323 del 8 de agosto de 2017

órganos del Poder Público –constituido– que serán de cumplimiento inmediato. En virtud de éstas, la ANC *podrá limitar o decidir la cesación de las actividades de las autoridades que conforman actualmente el Poder Público*;

(iii) *La subordinación de todos los organismos del Poder Público a la ANC,* y su obligación de cumplir y hacer cumplir los actos jurídicos que emanen de ésta.

Dicho Decreto ratifica una vez más el absurdo y pretendido carácter supraconstitucional, absoluto e ilimitado que se atribuye la ANC como supuesto poder constituyente originario, en violación de la supremacía y rigidez constitucional y las garantías fundamentales del Estado de Derecho. Con este decreto y el actuar de la ANC desde el inicio de su funcionamiento, quedó claro que su objetivo no era la redacción de una nueva Constitución, sino más bien acabar con los pocos espacios independientes al Gobierno y así lograr la consolidación de un sistema hegemónico y totalitario.

Este absurdo y pretendido carácter supraconstitucional y hegemónico de la ANC fue apoyado por los órganos del poder público afectos y sometidos a la tendencia política del Gobierno, quienes realizaron una serie de actos de carácter político a fin de ratificar el poder absoluto y sin control de la ANC. En efecto, el primero en reconocer el carácter supraconstitucional de la ANC fue el propio Presidente de la República, Nicolás Maduro, quien se presentó ante la ANC el 10 de agosto de 2017, a los fines de ser ratificado *como Presidente Constitucional de la República Bolivariana de Venezuela, Jefe de Estado y de Gobierno, Comandante en Jefe de la Fuerza Armada Nacional Bolivariana, para el cual fue electo por decisión del soberano Pueblo de Venezuela.*[6]

De seguidas, el 11 de agosto de 2017 se realizó un acto similar para la ratificación de cuatro (4) de los cinco (5) rectores del Consejo Nacional Electoral, precisamente aquellas que han sido señaladas por *representar* la postura política pro-gubernamental en esa institución de *parcialidad nominal.*[7]

El 15 de agosto de 2017, se presentaron ante la ANC y fueron ratificados los Magistrados del Tribunal Supremo de Justicia, así como el rector que faltaba del Consejo Nacional Electoral.[8]

El 5 de agosto de 2017 la ANC destituyó arbitraria e inconstitucionalmente a la Fiscal General de la República, Luisa Ortega Díaz, y designó como Fiscal General (inicialmente como Encargado), al dirigente oficialista Tarek William Saab.[9] El 17 de agosto de 2017, se presentó ante la ANC el recién nombrado Fiscal General (Encargado), Tarek William Saab, y en esa sesión de la ANC lo ratificó en su cargo.[10]

Posteriormente, el 7 de marzo de 2018, mediante acto de esa misma fecha[11], fueron ratificados dos (2) Magistrados del TSJ que no habían sido ratificados junto con el resto de los Magistrados en el acto de agosto de 2017. Destacamos que estos dos (2) Magistrados habían "coincidencialmente" salva-

---

[6]   *Gaceta Oficial Extraordinario* N° 6.325 del 10 de agosto de 2017.

[7]   *Gaceta Oficial Extraordinario* N° 6.326 del 11 de agosto de 2017.

[8]   *Gaceta Oficial* N° 41.214 del 15 de agosto de 2017.

[9]   *Gaceta Oficial Extraordinario* N° 6.322 del 5 de agosto de 2017.

[10]   *Gaceta Oficial* N° 41.216 del 17 agosto de 2017.

[11]   *Gaceta Oficial* N° 41.355 del 7 de marzo de 2018.

do su voto en una de las decisiones del pleno del Tribunal Supremo de Justicia del 29 de marzo de 2017, donde se había avalado la arbitraria detención del diputado opositor Gilber Caro, sin allanar su inmunidad parlamentaria.

Como vemos, durante sus primeros meses de funcionamiento, la ANC se dio a la tarea consolidar su hegemonía y enviar los mensajes respectivos: ratificando en sus respectivos cargos a los distintos funcionarios de jerarquía constitucional, que mantenían una posición de fidelidad absoluta con el Gobierno, dando a entender que el ejercicio de sus cargos dependía de la autorización (y hasta bendición) que le otorgaba la ANC. Nótese que la Asamblea Nacional, único órgano parlamentario legítimo conforme a la *Constitución* vigente, no fue ratificado, pues precisamente sus competencias son las que ha venido usurpando la propia ANC, a los fines de desconocer todas y cada una de las competencias y atribuciones del poder legislativo.

CAPÍTULO IV
ORGANIZACIÓN Y FUNCIONAMIENTO INTERNO DE LA ANC DE 2017

A continuación, vamos a revisar la forma como se ha venido organizando la ANC, haciendo la salvedad de que la mayoría de estas decisiones internas han sido poco transparentes, por lo que ha sido difícil realizar un seguimiento efectivo.

I. DESIGNACIÓN DE LA JUNTA DIRECTIVA

El 4 de agosto de 2017 se dio a conocer el *acuerdo constituyente*[1] mediante el cual se designaron los miembros de la Junta Directiva de la ANC, la cual quedó distribuida de la siguiente forma:

- Presidenta: Delcy Rodríguez

- Primer Vicepresidente: Aristóbulo Iztúriz

- Segundo Vicepresidente: Julián Rodríguez

- Secretario: Fidel Vásquez

- Subsecretaria: Carolys Pérez

---

[1] *Gaceta Oficial Extraordinario* N° 6.320 del 4 de agosto de 2017.

Posteriormente, el cargo de primer vicepresidente fue ejercido por Elvis Amoroso, designado el 17 de agosto de 2017[2]. Sin embargo, el 26 de octubre del mismo año, el ciudadano Aristóbulo Iztúriz volvió a ejercer la vicepresidencia del órgano; y Amoroso fue nombrado segundo vicepresidente[3].

Nuevamente, en fecha 9 de enero de 2018, la ANC realizó una nueva designación para el cargo de primer vicepresidente, en el cual fue designada Tania Díaz[4]. El 19 de junio de 2018, se designó a Diosdado Cabello como presidente de la ANC, quien desde entonces ha estado en dicho cargo[5].

II. NORMAS DE FUNCIONAMIENTO INTERNO

Insólitamente, al día de hoy la ANC no cuenta con un Estatuto de Funcionamiento debidamente aprobado y publicado oficialmente, donde se establezca sus funciones, su organización interna (comisiones), su mecanismo de deliberación, entre otras consideraciones. Esta omisión refleja claramente la enorme informalidad y hasta improvisación con la que ha venido operando este organismo.

En efecto, al instalarse la ANC el día 5 de agosto de 2017, supuestamente adoptó, en forma transitoria, como su Estatuto de Funcionamiento el que se aprobó el 7 de agosto de 1999 para la ANC de 1999[6], dejando diferenciado el tiempo de duración de la misma, pues la actual ANC extendió a dos años su

---

2 *Gaceta Oficial* N° 41.216 del 17 de agosto de 2017.

3 *Gaceta Oficial* N° 41.265 del 26 de octubre de 2017.

4 *Gaceta Oficial* N° 41.316 del 9 de enero de 2018.

5 *Gaceta Oficial* N° 41.422 del 19 de junio de 2018.

6 Estatuto de Funcionamiento ANC 1999 publicado en *Gaceta Oficial* N° 36.786 del 14 de septiembre de 1999.

periodo de duración[7], el cual fue prorrogado el 20 de mayo de 2019, según la misma ANC indica, hasta el 31 de diciembre de 2020[8]. Ese carácter transitorio implicó que dicho Estatuto no fue publicado y al día de hoy sigue sin aprobarse el definitivo.

Ahora bien, ese Estatuto de Funcionamiento de la ANC de 1999 no sólo no fue publicado, con las modificaciones pertinentes, para la nueva ANC de 2017; sino que además su normativa no ha sido aplicada. En efecto, todas las disposiciones sobre las sesiones, quórum, intervenciones, etc., no han sido puestas en prácticas, toda vez que no ha habido discusiones sobre artículos constitucionales. Además, no se han creado todas las comisiones y organismos que mencionaba el Estatuto de Funcionamiento de la ANC de 1999, tales como la Oficina Técnica, la Comisión de Coordinación, la Comisión Constitucional, el Cronista, entre otros.

Ahora bien, luego de haberse aprobado en forma transitoria ese Estatuto de Funcionamiento de la ANC de 1999, la nueva ANC hizo un nuevo intento de aprobar un nuevo Estatuto, más sin embargo éste no fue publicado, a pesar de haber sido supuestamente aprobado. En efecto, el 24 de agosto de 2017 fue difundida una nota de prensa en la página oficial del Ministerio del Poder Popular para la Comunicación e Información, en la cual se dio a conocer parcialmente el Estatuto de

---

[7] Venezolana de Televisión (5 de agosto de 2017) *"¡Aprobado! Asamblea Nacional Constituyente tendrá funcionamiento por dos años".* Disponible en: http://vtv.gob.ve/aprobado-asamblea-nacional-constituyente-tendra-funcionamiento-por-2- anos/C.

[8] *Gaceta Oficial* N° 41.636 del 20 de mayo de 2019. *El Nacional* (20 de mayo de 2019) *"ANC decreta extender su funcionamiento hasta el 31 de diciembre de 2020".* Disponible en: http://www.elnacional.com/noticias/politica/anc-decreta-extender-funcionamiento-hasta-diciembre-2020_282879.

Funcionamiento de la ANC. Según reseña el portal, el referido Estatuto estaría conformado por 85 artículos que reflejan la naturaleza y misión de la ANC, sus objetivos y la subordinación de los órganos del Poder Público.[9]

En efecto, en una reseña periodística de un portal gubernamental se reflejó la aprobación del supuesto Estatuto de Funcionamiento de la ANC[10], sin embargo, a la fecha de culminación del presente trabajo, éste no ha sido publicado en ningún medio de divulgación oficial, con lo cual se desconoce su normativa de funcionamiento. Ni siquiera una búsqueda exhaustiva en internet permite su ubicación, lo que es claramente contrario a la seguridad jurídica que debe imperar en el funcionamiento de los organismos del Estado. Sencillamente resulta increíble que no se conozca la normativa de funcionamiento de la ANC, pero esta omisión refleja, insistimos, la informalidad y arbitrariedad con el que se ha venido manejando este ente absurdamente "todopoderoso" creado a espaldas del pueblo.

Además, hay que destacar que a escasos días de instalación de la ANC (agosto de 2017), el portal de la Presidencia de la República anunció la creación de la llamada Gaceta Oficial Constituyente, donde supuestamente se publicarían los actos y decisiones de la ANC.[11] Sin embargo, a la fecha y luego de

---

[9] Ministerio del Poder Popular para la Comunicación e Información - Nota de Prensa (24 de agosto de 2017) *"Estatuto de Funcionamiento de la ANC contempla 85 artículos y 21 comisiones"*. Disponible en: http://minci.gob.ve/2017/08/estatuto-funcionamiento-anc/.

[10] https://www.youtube.com/watch?v=hZYZHWN5Csg.

[11] Ministerio del Poder Popular del Despacho de la Presidencia y Seguimiento de Gestión de Gobierno-Nota de Prensa (25 de agosto de 2017) *"Entra en circulación Gaceta Oficial Constituyente"*. Disponi-

más de dos años de este anuncio, no se ha creado ninguna Gaceta Oficial Constituyente, por lo que sus decisiones se han dado a conocer a través de la Gaceta Oficial ordinaria, donde se publican todos los actos oficiales de los organismos del Estado.

También hay que destacar que la ANC no dispone de página *web* ni de ningún correo electrónico oficial donde puedan enviarse opiniones o sugerencias. Las principales informaciones oficiales de este ente se divulgan a través de la página de la Vicepresidencia de la República (www.vicepresidencia.gob.ve). Si dispone de una cuenta en twitter (@ANC_ve) en la que se puede apreciar claramente la parcialidad política de este organismo, al divulgar principalmente mensajes de las distintas autoridades del Gobierno. Vale notar que el último *tuit* divulgado es de agosto de 2018.

Como vemos, prácticamente la ANC funciona en la clandestinidad. Sus actuaciones no son dadas a conocer a través de ningún medio autónomo y directo, sino más bien a través de los portales del Gobierno. Si bien sus actos se publican en Gaceta Oficial, ninguna otra actuación de este organismo es de fácil acceso para la sociedad.

III. SESIONES, QUÓRUM Y ORDEN DEL DÍA

Contrario a lo expresado en el Estatuto de Funcionamiento de la ANC de 1999 (y supuestamente asumido en forma transitoria por la ANC de 2017), no existen publicaciones del orden del día de las sesiones, así como tampoco se sesiona en forma regular durante los días martes y jueves, tal y como sucedía en la ANC de 1999. Es decir, básicamente la ANC sesiona cuando es convocada para algún acto particular y muy rara vez

---

ble en: http://www.presidencia.gob.ve/Site/Web/Princi-pal/paginas/-classMostrarEvento3.php?id_evento=6652.

asiste la mayoría de sus integrantes, pues todas sus decisiones parecen tomarse en la cúpula que la dirige. No se conoce de actos que establezcan ni certifiquen el quórum de asistencia de constituyentes para sesionar ni para aprobar sus decisiones.

El recinto administrativo del referido órgano, ubicado a pocos metros del Salón Elíptico donde se llevan a cabo las sesiones, es utilizado como centro de ayuda social y cuenta con una fuerte custodia de agentes del Estado pertenecientes a la Guardia Nacional Bolivariana, componente de la Fuerza Armada Nacional Bolivariana. El mismo es abierto al público, y suele estar copado de personas pertenecientes a partidos políticos adeptos al gobierno, a movimientos revolucionarios, a consejos comunales y ciudadanos que acuden al mismo en busca de alguna ayuda.

Asimismo, es utilizado como centro de distribución de las bolsas del Comité Local de Abastecimiento y Producción, conocido por la opinión pública como CLAP, mecanismo mediante el cual el Gobierno de forma controlada distribuye selectivamente alimentos no perecederos, en su mayoría importados desde el extranjero, a precios subsidiados.

IV. RÉGIMEN DE PARTICIPACIÓN CIUDADANA

A diferencia de la ANC de 1999, donde hubo instancias de participación ciudadana, mediante las cuales se permitió la presentación, dentro de lapsos perentorios, de propuestas por parte de diversos sectores de la sociedad, en esta nueva ANC no se han llevado a cabo estos procesos de consulta pública, mediante los cuales se recoja propuestas de modificación constitucional.

Lo que ha venido haciendo la ANC de 2017 es decretando la instalación de unas Constituyentes especiales, con miras a "promover espacios de participación ciudadana con la firme voluntad de emprender con el pueblo la construcción colectiva de la nueva propuesta constitucional". Sin embargo, estos decretos se limitan a "convocar", sin términos de tiempo y lugar, a todo el pueblo para trabajar sobre la construcción de valores y principios del partido de gobierno (PSUV) relacionados con diversos sectores (cultura, educación, igualdad de género, etc.).

A la fecha de hoy, no existe ninguna información sobre alguna actividad de estas constituyentes especiales que haya generado algún documento, pronunciamiento o cualquier otra iniciativa.

Así, los distintos decretos que han creado estas constituyentes especiales son los siguientes:

1) Decreto Constituyente mediante el cual se instaura un gran diálogo nacional para el perfeccionamiento del modelo de economía productiva y diversificada que requiere la República Bolivariana de Venezuela.[12]

2) Decreto Constituyente mediante el cual se convoca a todas las y los jóvenes venezolanos a participar ampliamente en la construcción activa del *"Capítulo de la Juventud"* de la nueva propuesta constitucional, como eje transversal de la Asamblea Nacional Constituyente, espacio creado para promover la paz y tranquilidad pública, y el encuentro entre todas las venezolanas y todos los venezolanos.[13]

3) Decreto Constituyente mediante el cual se declara instalada la *Constituyente Cultural* en todo el territorio nacional para consolidar la identidad cultural venezolana y forjar las nuevas espiritualidades, valores y principios de nuestra sociedad necesarios para asegurar la paz, reivindicar el

---

[12] *Gaceta Oficial* N° 41.226 del 31 de agosto de 2017.

[13] *Gaceta Oficial* N° 41.230 del 6 de septiembre de 2017.

carácter pluricultural de la Patria, reconocer nuestra diversidad étnica y cultural, proteger los derechos humanos, conservar la vida en el planeta, garantizar la tranquilidad pública, preservar la soberanía y fortalecer la defensa integral de Nación.[14]

4) Decreto Constituyente mediante el cual se declara instalada la *Constituyente para Personas con Discapacidad.* [15]

5) Decreto Constituyente mediante el cual se declara instalada la *Constituyente sobre la Mujer, Equidad e Igualdad de Género.*[16]

6) Decreto Constituyente mediante el cual se declara instalada la *Constituyente Educativa* en todo el Territorio Nacional, para consolidar el nuevo modelo educativo venezo-lano y forjar las nuevas espiritualidades, valores y principios de nuestra sociedad, necesarios para asegurar el desarrollo de las personas, la paz, la convivencia, la democracia, la sobera-nía e independencia de la nación.[17]

7) Decreto Constituyente mediante el cual se declara instalada la *Constituyente sobre Adultas y Adultos* MAYORES.[18]

V. RÉGIMEN PRESUPUESTARIO

El régimen presupuestario de la ANC mantiene la misma informalidad e indeterminación que su organización interna. Las disposiciones que han sido aprobadas por ella misma, sin ningún tipo de control por parte de algún otro órgano del Esta-

---

[14] *Gaceta Oficial* N° 41.236 del 14 de septiembre de 2017.

[15] *Gaceta Oficial* N° 41.246 del 28 de septiembre de 2017.

[16] *Gaceta Oficial* N° 41.247 del 29 de septiembre de 2017.

[17] *Gaceta Oficial* N° 41.252 del 6 de octubre de 2017.

[18] *Idem..*

do, no reflejan ningún tipo de detalles. No hay ni montos estimados ni partidas concretas. Solo se limitan a aprobar la estructura para la ejecución de dichos presupuestos y a asignar la función de manejar los créditos presupuestarios a la denominada Unidad Administradora Central, sin ahondar en ningún otro detalle. Es decir, no se cumple con los requisitos mínimos que se exigen para la presentación y aprobación de los presupuestos de los organismos estatales.

En efecto, el 13 de diciembre de 2017 se aprobó la Estructura para la Ejecución Financiera del Presupuesto de Gastos de la ANC[19] a ser aplicada durante el Ejercicio Fiscal del año 2017. Asimismo, en fecha 27 de diciembre de 2017 se aprobó la Estructura para la Ejecución Financiera del Presupuesto de Gastos de la ANC[20] a ser aplicada durante el Ejercicio Fiscal del año 2018.

Por último, el 16 de diciembre de 2018, la ANC emitió una resolución donde estima la estructura para la Ejecución Financiera del Presupuesto de Gastos de la Asamblea Nacional Constituyente para el Ejercicio Económico Financiero del año 2019.[21]

En pocas palabras, la ANC no dispone de ninguna limitación presupuestaria, pues pareciera que tiene la capacidad de exigir los montos que considere necesarios para cualquier actividad o asunto que decida emprender. De igual forma, luego de culminado el primer año de funcionamiento de la ANC no se presentó ningún tipo de informe o memoria y cuenta sobre su desempeño y sobre los recursos utilizados. Como vemos, se trata de un rey sin corona.

---

[19] *Gaceta Oficial* N° 41.299 del 14 de diciembre de 2017.

[20] *Gaceta Oficial* N° 41.308 del 27 de diciembre de 2017.

[21] *Gaceta Oficial* N° 41.552 de 26 de diciembre de 2018.

CAPÍTULO V

LAS ACTUACIONES Y DECISIONES DE LA ANC DE 2017

A continuación pasaremos a revisar las distintas actuaciones y decisiones de la ANC, las cuales no han estado dirigidas a la que debería ser su función principal (redacción de un proyecto de Constitución), sino más bien a sustituir, en forma ilegítima, a la Asamblea Nacional y a otra serie de organismos del Estado.

I. LA ANC COMO ÓRGANO USURPADOR LEGISLADOR Y DE CONTROL PARLAMENTARIO

De la división clásica del Poder Público, destaca que el Poder Legislativo es un órgano fundamental dentro del Estado Constitucional de Derecho, pues corresponde a este como órgano de representación popular la importante tarea de sancionar leyes –como textos normativos de carácter general y abstracto–, que rigen la vida del Estado mismo y desarrollan los derechos y deberes, y sus garantías. Así mismo, al órgano legislativo le corresponden importantes funciones de investigación y control parlamentario, especialmente sobre el gobierno y la administración pública.

La conformación de este órgano legislativo se origina así con la representación popular de un proceso electoral en el que los ciudadanos, titulares de la soberanía, eligen directamente a representantes, ya sean según su circunscripción territorial y su preferencia política. Por ello, es precisamente el Poder Legislativo el órgano del poder público nacional que alcanza el mayor nivel de representatividad de toda la ciudadanía; y, en los países con Constitución federal, también según el número de entidades político territoriales que lo componen. De allí, que el Poder Legislativo se conciba como el seno del pluralismo político, el lugar de encuentro de las diversas facciones y sectores de la sociedad, idóneo para reunir proporcionalmente las mayorías y minorías políticas de un país, y por ende, ser el titular de la atribución de reconocer, desarrollar, garantizar y limitar, mediante leyes, los derechos y deberes de los ciudadanos.

En Venezuela, la potestad legislativa nacional corresponde preponderantemente a la Asamblea Nacional, órgano del Poder Legislativo Nacional, constituido por una única cámara de representación territorial federal y representación política proporcional. Así, la *Constitución*[1] atribuye a este órgano legislativo nacional la competencia para legislar en las materias de competencia nacional y sobre el funcionamiento del resto de los organismos y entes del Poder Público.

La misma *Constitución* establece cuáles son esas competencias del Poder Público Nacional. Ello nos lleva a señalar las nociones del principio de reserva legal, pues, según este, es imperante atribuir la competencia exclusiva de la Asamblea Nacional para legislar en determinadas materias de trascendencia nacional, que solo a ella le corresponde regular vía el procedimiento legislativo ordinario previsto en el artículo 204 y siguientes de la *Constitución*.

---

[1] Artículo 187 de la *Constitución*. Corresponde a la Asamblea Nacional:

1. Legislar en las materias de la competencia nacional y sobre el funcionamiento de las distintas ramas del Poder Nacional.

El artículo 156 de la *Constitución* enuncia que corresponde a la Asamblea Nacional la facultad de legislar en las materias de competencia nacional, destacándose el numeral 32, el cual detalla el catálogo de áreas que *solamente* pueden ser legisladas por dicho parlamento y no por los otros órganos con capacidad legislativa a nivel estadal (Consejos Legislativos) o Municipal (Concejos Municipales), ya que suponen una ley nacional -como acto típico y exclusivo- de la Asamblea Nacional.

Por tanto, con la reserva legal lo que se pretende es que la regulación de la materia quede vedada a quien no sea el legislador mismo, que sólo los representantes de los ciudadanos puedan dictar las normas correspondientes.[2]

Se trata más que todo de un tema de legitimidad legislativa, para que los asuntos más importantes de una sociedad sean abordados por todos sus representantes. Y, además, se exige que esa legislación venga precedida de un procedimiento legislativo de dos discusiones y, en nuestro caso, hasta de consultas populares.[3]

Pues bien, desde sus inicios, la ANC de 2017 ha perseguido como fin sustituir en su totalidad las funciones legislativas de la Asamblea Nacional, la cual se encuentra conformada por una gran mayoría de las fuerzas políticas de oposición y una importante fracción de diputados del Gobierno. Incluso, sin ningún tipo de disimulos, el bloque político oficialista (PSUV) ha entendido que la principal función de la ANC es sustituir a la Asamblea Nacional, toda vez que alega absurdamente, que ésta se encuentra condición de "desacato" al desconocer las distintas decisiones del Tribunal Supremo de Justicia que des-

---

[2] DE OTTO, Ignacio, *Derecho Constitucional, Sistema de Fuentes*, Ariel, Córcega, 1991, p. 152.

[3] Artículos 202 y ss. de la Constitución de 1999.

articularon y erradicaron todas las competencias de la Asamblea Nacional, justo luego de que la oposición ganara las elecciones parlamentarias de diciembre de 2015.[4]

Por ello, desde agosto de 2017 la ANC ha usurpado las funciones de la Asamblea Nacional, sancionado *leyes* (que además dota de "rango constitucional"); así como ejerciendo funciones típicas de *control político parlamentario*, tales como la aprobación del presupuesto nacional, la juramentación de cargos públicos electos popularmente y el allanamiento de inmunidad parlamentaria a diputados de la Asamblea Nacional.

Estos actos, típicamente legislativos, han estado dotados de un alto contenido político ideológico y especialmente partidista, ya que han respondido a la implementación de una política de control absoluto del poder por parte del Gobierno central, hacia un absurdo plan de gobierno totalitario y de destrucción del país. Así, el Gobierno ha tratado de imponer que la ANC es el único parlamento existente, por ende ha enviado proyectos de leyes directamente a esta ANC para que sean aprobados por ella; y de igual forma, el Tribunal Supremo de Justicia ha encomendado a la ANC tareas de competencia constitucional del Poder Legislativo, como el allanamiento de la inmunidad parlamentaria de los diputados perseguidos políticos, por ende, evidenciando el desconocimiento de su legitima autoridad.

En su desatado actuar, la ANC ha creado la figura del "Decreto Constituyente" como categoría jurídica para clasifi-

---

[4] Un análisis detallado de estas decisiones puede verse en AYALA CORAO, Carlos y CHAVERO GAZDIK, Rafael, *El Libro Negro del TSJ de Venezuela: Del secuestro de la democracia y la usurpación de la soberanía popular a la ruptura del orden constitucional (2015-2017)*, Editorial Jurídica Venezolana, Caracas, 2017.

car el rango constitucional de los actos que de ella emanan, específicamente de los actos de carácter normativo; asimismo, ha creado la figura del "Acuerdo Constituyente" en paralelo a la figura de acuerdo parlamentario correspondiente a la Asamblea Nacional. Además, como veremos, ha dictado una serie de resoluciones de carácter administrativo que corresponden a la Asamblea Nacional.

Hay que resaltar, además, que todos los actos de la ANC han sido publicados en la Gaceta Oficial, órgano de publicaciones oficiales a cargo del Poder Ejecutivo Nacional, mientras que ese mismo Poder Ejecutivo ha impedido la publicación de las leyes y demás actos emanados de la Asamblea Nacional, los cuales han tenido que ser informados y divulgados a través de su página web[5], su propia y nueva Gaceta Legislativa y, otros mecanismos digitales en las redes sociales como Twiter[6], Facebook[7] e Instagram[8].

1. **La usurpación de la facultad de legislación de la Asamblea Nacional: leyes y actos legislativos dictados por la ANC**

Como mencionamos antes, conforme a la *Constitución*, existen varias materias de competencia nacional que corresponden exclusivamente a la Asamblea Nacional; además, al tratarse de determinadas materias de la reserva legal, es al mismo tiempo una garantía constitucional de legitimidad frente a las limitaciones a los derechos constitucionales y humanos. No obstante, la dictar estas "leyes constitucionales", la

---

[5] http://www.asambleanacional.gob.ve/leyes.

[6] https://twitter.com/AsambleaVE.

[7] https://www.facebook.com/AsambleaVE/?fref=ts.

[8] https://www.instagram.com/asambleave/.

ANC ha usurpando las atribuciones constitucionales de la Asamblea Nacional y ha violado la reserva legal. Como si fuera poco tanta arbitrariedad, la ANC ha decidido llamar a estos supuestos actos normativos como "leyes constitucionales", siendo más bien unas leyes inconstitucionales.

Pasamos de seguidas a analizar brevemente, el contenido de estas ilegítimamente llamadas "leyes constitucionales" por la ANC:

a) *Ley Constitucional de la Comisión para la Verdad, la Justicia, la Paz y la Tranquilidad Pública*[9]

Con una gran carga de ironía política, la ANC dicto esta *"ley constitucional"* que crea la llamada *Comisión para la Verdad, la Justicia, la Paz y la Tranquilidad Pública*, siendo su principal objetivo, según su propio texto, prevenir y superar los hechos de violencia por motivos políticos e intolerancia a través de su conocimiento y análisis científico.

Decimos con ironía política, toda vez que es imposible que un órgano creado a espaldas de la soberanía popular y conformada en su totalidad por fieles seguidores del partido de gobierno, pueda ser el encargado de buscar verdades y mucho menos tranquilidad pública y reconciliaciones. Esta ley no es otra cosa que una gran farsa política, que únicamente busca evitar la conformación de un órgano colegiado independiente e imparcial, de legitimidad y autoridad moral conforme a los estándares internacionales, que busque investigar con seriedad y objetividad las distintas violaciones a los derechos humanos que generaron una profunda crisis política y social, sobre todo durante los años 2014 y 2017, y ahora de nuevo en el año 2019.

---

[9] *Gaceta Oficial Extraordinario* N° 6.323 del 8 de agosto de 2017.

En efecto, la doctrina y la practica internacional concibe comúnmente las comisiones de la verdad dentro del marco de la justicia transiciones, como un ente encargado de complementar la persecución penal alternativa[10] en el marco de violaciones graves y sistemáticas a los derechos humanos en crisis, conflictos o una situación concreta, buscando sustituir parcialmente los procedimientos judiciales, para más bien implementar mecanismos alternativos, destinados al descubrimiento de la verdad y reparar a las víctimas[11]. Usualmente son implementadas en contextos de justicia transicional de dictaduras a democracias o tras la culminación de conflictos armados, bien sean de índole interno o internacional.

Algunas Comisiones de la Verdad han tenido gran éxito, logrando contribuir con la reconciliación nacional, mediante la recopilación de la verdad, la identificación de los responsables y las reparaciones a las víctimas. En el caso de Sudáfrica donde, con ocasión del *Apartheid*, se instaló una Comisión de la Verdad, la cual tuvo una alta tasa de éxito en la solución de conflictos, su sofisticado sistema compilatorio de víctimas y esclarecimiento de hechos, así como el otorgamiento de amnistías condicionadas. No obstante, el caso de Sudáfrica ha sido también cuestionado por las altas tasas de impunidad de las graves violaciones a los derechos humanos, en virtud de la escasa sanción judicial a los perpetradores[12].

---

[10] ABRAMS, Jason., and HAYNER, Priscilla, *Documenting, acknowledging and publicizing the truth*, citado en Ambos Kai., *El marco jurídico de la justicia de transición*, Temis, Bogotá, 2008, p. 50.

[11] *Ibídem*, p. 51.

[12] Para un estudio más detallado de la Comisión de la Verdad Sudafricana ver, BORAINE, Alex, *"A Country Unmasked, inside South Africa's Truth and Reconciliation Commission"*, OUP, Oxford, 2001, pp. 258 y ss.

Otras Comisiones de la Verdad también han cumplido un rol fundamental en la búsqueda de la verdad en los conflictos y violaciones graves a los derechos humanos, -aunque no por la persecución penal ordinaria-. Entre ellas, podemos mencionar la Comisión de la Verdad y Reconciliación del Perú, instalada tras la renuncia de Alberto Fujimori con el fin de esclarecer las violaciones a derechos humanos ocurridas entre los años 1980 y 2000, y promover la reconciliación entre los peruanos[13]. En ese caso, la comisión determinó únicamente la responsabilidad de los máximos jerarcas de la estructura criminal, lo que produjo un amplio margen de impunidad con ciertos mandos medios entre otros involucrados, resultando en tan solo 47 personas investigadas[14].

Pero la "Comisión de la Verdad" creada por la ANC no cumple con los estándares internacionales básicos como para ser considerada como tal, y más bien ha sido utilizada como mecanismo de persecución y estigmatización de opositores al régimen.

En efecto, sus integrantes son personas ampliamente vinculadas con el Gobierno, y no fueron propuestas por las sociedades civiles ni sujetas a una consulta popular. Lejos de ser personas independientes, son más bien fieles seguidores e integrantes del Gobierno.

---

[13] CARO, Dino, "Perú" en Informes Nacionales en obra editada por AMBOS, Kai, MALARINO, Ezequiel, y ELSNER, Gisela, *Justicia de transición*, Konrad Adenauer Stiftung, Montevideo, 2009, pp. 369 y ss.

[14] MILLÁN, Juanita, *"Comisiones de la Verdad y posibles aprendizajes para el caso Colombiano"*, Papel Político, Vol. 20(1), N° 2, julio-diciembre 2015, p. v.

Una muestra de su fracaso es que hasta la fecha no ha realizado ningún tipo de investigación seria e independiente, con el objeto de determinar la responsabilidad de los agentes estatales en la comisión de delitos durante el período bajo examen; no ha recopilado los hechos ocurridos ni ha recomendado medidas de reparación para las víctimas. Al contrario, ha sido empleada como un mecanismo de persecución política, pues en las decisiones de la ANC donde se ha allanado la inmunidad parlamentaria de diputados de oposición se menciona el hecho de que supuestamente habrían sido mencionados en las "investigaciones" de la Comisión de la Verdad.

Se trata, en definitiva, de un ingenuo e inútil intento de reconciliación, manejado por actores con clara parcialidad política, de allí que no cuente con el respaldo ni legitimidad de la sociedad civil venezolana ni de la comunidad internacional.

b) *Reglamento Interno de la Comisión para la Verdad, la Justicia, la Paz y la Tranquilidad Pública*[15]

Este documento, denominado "Reglamento" dictado por la ANC regula la organización y funcionamiento de la Comisión para la Verdad, la Justicia, la Paz y la Tranquilidad Pública, con la finalidad de "lograr el establecimiento de la verdad, la búsqueda y el mejoramiento de la justicia, la garantía de los derechos humanos y la atención integral de las víctimas de los hechos de violencia por motivos políticos y conexos, ocurridos en la jurisdicción de la República Bolivariana de Venezuela, durante el período comprendido entre los años 1999 y 2017".

---

[15] *Gaceta Oficial* N° 41.271 del 3 de noviembre de 2017.

c) *Decreto Constituyente de modificación de la Ley Constitucional de la Comisión para la Verdad, la Justicia, la Paz y la Tranquilidad*[16]

El Decreto de modificación tuvo como principal objetivo ampliar el mandato otorgado a la Comisión para incluir los supuestos hechos de violencia amparados ilegítimamente en razones políticas, ocurridos en Venezuela durante los años 2018 y 2019; y prorrogó su plazo de funcionamiento hasta el 31 de agosto de 2020.

d) *Ley Constituyente para la creación del conglomerado "AGROSUR"*[17]

Esta "ley constituyente" crea un conglomerado estatal agrícola denominado AGROSUR, integrado por las empresas del Estado pertenecientes al sector agrícola que indique el Ministro con competencia en materia de agricultura. Dicho conglomerado tendrá como finalidad unificar la orientación, planificación, ejecución y fines, en la producción, industrialización, comercialización y financiamiento de bienes y servicios agrícolas.

e) *Ley Constitucional Contra el Odio, por la Convivencia Pacífica y la Tolerancia*[18]

Esta normativa tiene como finalidad, según indica su propio objeto, contribuir a generar las condiciones necesarias para promover y garantizar el reconocimiento de la diversidad, la tolerancia y el respeto recíproco, así como para prevenir y

---

[16] *Gaceta Oficial* N° 41.667 del 3 de julio de 2019.

[17] *Gaceta Oficial* N° 41.272 del 6 de noviembre de 2017.

[18] *Gaceta Oficial* N° 41.274 del 8 de noviembre de 2017. (Reimpresa por fallas en los originales. *Gaceta Oficial* N° 41.276 del 10 de noviembre de 2017).

erradicar toda forma de odio, desprecio, hostigamiento, discriminación y violencia, a los fines de asegurar la efectiva vigencia de los derechos humanos, favorecer el desarrollo individual y colectivo de la persona, preservar la paz y la tranquilidad pública y proteger a la Nación. Por ejemplo, esta ley prohíbe difusión de mensajes que inciten al odio nacional o promuevan la guerra en redes sociales y en caso de dudas se adoptará la interpretación que más brinde protección a los derechos humanos, la paz y la convivencia pacífica.

La realidad es que se trata de la incorporación de una nueva serie de delitos destinados a restringir y penalizar la protesta pública, que incluyen tanto prisión para personas, control de redes sociales, así como sanciones graves de multas e inclusive cierre contra medios de comunicación tradicionales de radio, televisión y medios electrónicos, cuestiones que conllevan naturalmente a la censura en la sociedad contra difusión de mensajes y contenidos que puedan ser considerados como incitadores al odio nacional según las autoridades estatales competentes.

Sobre este aspecto se ha referido la Relatoría Especial para la libertad de expresión de la Comisión Interamericana de Derechos Humanos, denunciando con gravedad que la imposición de esta "ley contra el odio" refiere una serie de restricciones que impiden de forma severa el ejercicio del derecho a la libertad de expresión así como generar un "fuerte efecto intimidatorio" sobre las personas y su libertad de expresión, que es completamente incompatible con los principios de una sociedad democrática. Resalta el relator tres aspectos alarmantes sobre la ley: "a) el uso de figuras vagas y sanciones exorbitantes e imprescriptibles para penalizar expresiones de interés público; b) la imposición de gravosas obligaciones a todos los medios de comunicación, entre ellas la supresión y retiro de información de interés público; [y] c) la amplia posibilidad otorgada al Estado de utilizar los medios de comunicación e imponer contenidos"[19]

f) *Ley Constitucional de Precios Acordados*[20]

Se trata de una normativa que busca establecer los principios y bases fundamentales para el Programa de Precios Acordados, con la finalidad de establecer las bases de una política de precios acordados y garantizar la disponibilidad de los productos priorizados según los precios acordados mediante la aplicación de procesos de contraloría social y fiscalización popular entre los sectores público, privado, comunal, y las trabajadoras y trabajadores. Esto se ha traducido en la imposición de un control de precios máximos de venta al público de ciertos productos que así considere la autoridad competente, imponiendo sanciones a aquellos comerciantes privados que no acaten dichas disposiciones. Se trata, en definitiva, de una modificación del sistema legal de control de precios que ha venido imponiendo el Gobierno desde hace más de una década.

---

[19] CIDH. Relatoría Especial para la libertad de expresión –Comunicado de prensa (10 de noviembre 2017) *Relatoría especial para la libertad de expresión manifiesta su grave preocupación por la aprobación de "la ley contra el odio" en Venezuela y sus efectos en la libertad de expresión y de prensa.* Comunicado de prensa R179/17. Disponible en: http://www.oas.org/es/cidh/expresion/showarticle.asp?artID=-1082&lID=2.

[20] *Gaceta Oficial Extraordinario* N° 6.342 del 22 de noviembre de 2017.

g) *Ley Constitucional sobre la creación de la Unidad Tributaria Sancionatoria*[21]

Se trata de una normativa que busca crear una unidad tributaria especial que será utilizada exclusivamente para determinar el monto de las multas y sanciones pecuniarias, la cual se denomina Unidad Tributaria Sancionatoria, para así actualizar de forma periódica el valor real de las multas y sanciones pecuniarias calculadas en Unidades Tributarias. Dicha ley creó una figura o instrumento contable dentro del derecho tributario, alterando así aquellas disposiciones propias de la materia que afectan el patrimonio y los derechos de las personas, materia que goza de la garantía de reserva legal.

h) *Ley Constitucional del Régimen Tributario para el Desarrollo Soberano de Arco Minero* [22]

Esta *"ley constitucional"* busca establecer un Régimen Especial Tributario en materia de Impuesto Sobre la Renta, aplicable a los enriquecimientos netos de fuente territorial obtenidos de la venta de oro al Banco Central de Venezuela o a los sujetos que éste autorice para esa actividad. Constituye una modificación y ampliación de actividades y competencias de la Administración Pública, materia también reservada para su debate y aprobación dentro del seno del Poder Legislativo Nacional, por su importancia para el desarrollo y control de la actividad estatal.

El Arco Minero es la operación de extracción masiva de minerales más abusiva que se ha conocido en el territorio nacional, con un gravísimo daño ambiental, y controlado por sectores no sólo gubernamentales y de empresas transnacionales,

---

[21] *Gaceta Oficial* N° 41.305 del 21 de diciembre de 2017.

[22] *Gaceta Oficial* N° 41.310 del 29 de diciembre de 2017.

sino del crimen organizado, de altos mandos e incluso la guerrilla colombiana (ELN).[23]

i) *Ley Constitucional de Inversión Extranjera*[24]

Esta "ley constitucional" persigue establecer los principios, políticas y procedimientos que regulan, limitan y ponen bajo control estatal las inversiones extranjeras, el financiamiento internacional, el flujo de capitales y la obtención de divisas. Se trata de un texto normativo que habilita la actividad administrativa de limitación por parte del Poder Ejecutivo, para el control de la inversión y el comercio sobre cualquier bien o servicio. En la práctica, esta ley, por razones evidentes de política gubernamental, ha tenido una aplicación limitada fundamentalmente para amparar a las empresas de países aliados al régimen político.

j) *Ley Constitucional contra la guerra económica para la Racionalidad, uniformidad y adquisición de bienes servicios y Obras Públicas*[25]

Con esta normativa se pretende el establecimiento de normas básicas de conducta para la Administración Pública, en todos sus niveles, que intentan promover una serie de valores éticos como la honestidad, participación, celeridad, eficiencia y transparencia en lo relacionado a la acrecentada contratación pública de bienes, servicios, asignación de proyectos y obras,

---

[23] Al respecto ver: López, Edgar-Efecto Cocuyo. *"Arco Minero del Orinoco. Crimen, Corrupción y Cianuro"* Disponible en: https://arcominerodelorinoco.com/. El Nacional. (25 de febrero de 2018) *"Los estragos del Arco Minero"*. Disponible en: http://www.elnacional.com/noticias/sociedad/los-estragos-del-arco-minero_224412.

[24] *Gaceta Oficial* N° 41.310 del 29 de diciembre de 2017.

[25] *Gaceta Oficial* N° 41.318 del 11 de enero 2018.

entre otras relacionadas. Se trata de una materia típicamente orgánica, cuyo tratamiento legislativo este reservado al Poder Legislativo Nacional, pero de casi nula aplicación por la ausencia de mecanismos de control como la Contraloría General de la República.

k) *Ley Constitucional del Comité Local de Abastecimiento y Producción*[26]

Con esta normativa se busca elevar a rango de "ley", un mecanismo estatal de distribución de alimentos subsidiados denominado Comité Local de Abastecimiento y Producción (CLAP), junto con la creación e institucionalización de oficinas e instancias que en ello participan, a los fines de garantizar la "seguridad alimentaria". Los CLAP se han convertido en un mecanismo de control estatal sobre la población, mediante el cual se asigna, arbitrariamente y sin regularidad, una serie de alimentos y productos básicos de necesidad a ciertos y selectos sectores de la sociedad civil a cambio de sujeción política.

Dicha estrategia se ha impuesto sobre la mayor parte del aparato productivo nacional, forzando a dirigir cuotas sustanciales de producción privada a tal fin, mediante ventas de las mismas al gobierno nacional; socavando la propiedad privada e incluso los mecanismos convencionales de comercialización primaria y secundaria.

La política de distribución gubernamental de alimentos (CLAP) ha sido objeto de innumerables denuncias, al tratarse de un mecanismo de control social y chantaje político, donde el Gobierno arbitrariamente asigna la distribución de estos alimentos, únicamente a aquellos sectores de la población que comulgan políticamente y expresan su apoyo a la línea guber-

---

[26] *Gaceta Oficial* N° 41.330 del 29 de enero 2018.

namental, sin importar la necesidad que supuestamente busca solventar. Asimismo, sus productos han sido objeto de cuestionamientos sanitarios.[27]

l) *Ley Constitucional de los Consejos Productivos de Trabajadores*[28]

Esta normativa busca regular la constitución, organización y funcionamiento de los llamados Consejos Productivos de Trabajadoras y Trabajadores, como organización paralela a las existentes organizaciones sindicales, que agrupa a personas que conforman el "poder popular" de una localidad –ajeno a la relación laboral– y obreros –empleados en el ámbito laboral–, para que controlen y reporten al Estado los niveles de producción de las empresas privadas.

m) *Decreto Constituyente sobre Criptoactivos y la Criptomoneda Soberana Petro*[29]

Este denominado "Decreto Constituyente" busca establecer las bases fundamentales de creación, circulación, uso e intercambio de criptoactivos en Venezuela e intentar dar vigor y entrada en uso –incluso forzoso- a un supuesto criptoactivo venezolano, creado con abundante propaganda por el Gobierno

---

[27] Al respecto, la OEA ha elaborado un informe que dedica una sección a analizar los mencionados CLAP: *"Informe de la Secretaría General de la Organización de los Estados Americanos y del Panel de Expertos Internacionales Independientes sobre la Posible Comisión de Crímenes de Lesa Humanidad en Venezuela"*, OEA (Washington D.C., 29 de mayo de 2018), p. 219. Disponible en: https://www.civilisac.org/civilis/wp-content/uploads/Informe-Panel-Independiente-Venezuela-ES.pdf.

[28] *Gaceta Oficial* N° 41.336 del 6 de febrero de 2018.

[29] *Gaceta Oficial Extraordinario* N° 6.370 del 9 de abril de 2018.

Nacional (en conjunto con el Banco Central de Venezuela, ente sin ningún tipo de independencia o autonomía del Ejecutivo Nacional).

n) *Decreto Constituyente de Derogatoria del Régimen Cambiario y sus Ilícitos*[30]

Este "Decreto Constituyente" deroga una serie de disposiciones vinculadas al férreo régimen de control estatal del manejo de divisas y el control cambiario en Venezuela, que ha estado vigente desde 2003. Dicho régimen había estado establecido a través de Decretos Leyes, los cuales la *Constitución* y el mismo Gobierno habían calificado como de "Rango, Valor y Fuerza de Ley", es decir, Leyes en sentido material, las cuales solo pueden ser derogadas mediante derogatoria expresa en otra Ley del mismo rango y fuerza.

Concretamente, este "Decreto Constituyente" deroga: (i) el *Decreto con Rango, Valor y Fuerza de Ley del Régimen Cambiario y sus Ilícitos*; (ii) el artículo 138 del *Decreto con Rango, Valor y Fuerza de Ley del Banco Central de Venezuela* en lo que concierne exclusivamente al ilícito referido a la actividad de negociación y comercio de divisas en el país; y (iii) todas aquellas disposiciones normativas en cuanto colidan con lo establecido en dicho Decreto Constituyente ─relacionadas al control cambiario─.

---

[30] *Gaceta Oficial* N° 41.452 del 2 de agosto de 2018.

o) *Decreto Constituyente mediante el cual se establece el Régimen Temporal de Pago de Anticipo del Impuesto al Valor Agregado e Impuesto Sobre la Renta para los Sujetos Pasivos Calificados como Especiales*[31]

Con este "Decreto Constituyente" se establece un *Régimen Temporal* que modifica y anticipa los tiempos para el pago de dos tributos por parte de los particulares, Impuesto al Valor Agregado e Impuesto sobre la Renta. Expresamente se excluyen de dicho anticipo los sujetos pasivos calificados como especiales que se dediquen a realizar actividad económica de explotación de minas, hidrocarburos y de actividades conexas, y que no sean perceptores de regalías derivadas de dichas explotaciones.

Evidentemente, se trata de la modificación de disposiciones y obligaciones en materia tributaria, que corresponde, como hemos mencionado, a una competencia reservada al Poder Legislativo Nacional.

p) *Decreto Constituyente mediante el cual se reforma el Decreto con Rango, Valor y Fuerza de Ley de Impuesto a las Grandes Transacciones Financieras*[32]

Mediante esta normativa, la ANC modifica otra disposición legislativa en materia tributaria, tratándose en esta oportunidad del artículo 13 de la *Ley de Impuesto a las Grandes Transacciones Financieras*, quedando redactado de la siguiente manera:

---

[31] *Gaceta Oficial Extraordinario* N° 6.396 del 21 de agosto de 2018.

[32] *ibídem*

Artículo 13. La alícuota de este impuesto podrá ser modificada por el Ejecutivo Nacional y estará comprendida de un límite mínimo 0% hasta un máximo de 2%. Hasta tanto el Ejecutivo Nacional establezca la alícuota de este impuesto, esta se fija en 1%, a partir de la publicación en la Gaceta Oficial de la República Bolivariana de Venezuela.

En la Ley se trataba de un tributo cobrado con base en un porcentaje de la transacción financiera, cuya alícuota estaba fijada expresamente en 0,75%[33], y el Presidente tenía la competencia para reducir la misma. En este "Decreto Constituyente", se le otorga al Presidente la facultad discrecional para fijar la alícuota, incluso en una proporción mayor a la prexistente. Se trata claramente de una abierta delegación al Ejecutivo de una materia de estricta reserva legal.

q) *Decreto Constituyente mediante el cual se Reforma la Ley que establece el Impuesto al Valor Agregado*[34]

Se trata nuevamente de un "Decreto Constituyente" mediante el cual se modifican disposiciones legislativas en materia tributaria. Concretamente, se suprime el numeral 4 del artículo 18 de la *Ley de Impuesto al Valor Agregado*, se modifica el numeral 2 del artículo 19 y el artículo 61 *eiusdem*. Con ello, se aumentó la alícuota porcentual de cobro por transacciones generales, se modificaron los rubros, bienes y actividades exentas del cobro del impuesto y se le otorgan al Presidente la facultad discrecional para fijar la alícuota del impuesto a consumos en general y consumos suntuarios.

---

[33] *Gaceta Oficial Extraordinario* N° 6.210 del 30 de diciembre de 2015.

[34] *Gaceta Oficial Extraordinario* N° 6.396 del 21 de agosto de 2018.

r) *Decreto Constituyente sobre el Sistema Integral de Criptoactivos*[35]

Con esta normativa se desarrolla el Sistema Integral de Criptoactivos, definiéndose su marco regulatorio. Crea un ámbito de aplicación sobre los bienes, servicios, valores o actividades relacionados con las operaciones que tengan que ver con Criptoactivos (art. 3). La rectoría de este Sistema Nacional de Criptoactivos le corresponderá a la Superintendencia Nacional de Criptoactivos y Actividades Conexas (SUNACRIP), teniendo como marco regulatorio lo dispuesto en este Decreto Constituyente. Este instituto autónomo se encuentra adscrito a la Vicepresidencia Sectorial con competencia en materia de Economía.

s) *Ley Constitucional que crea el Impuesto a los Grandes Patrimonios*[36]

Mediante esta "ley", la ANC instituyó un nuevo tributo gravable a lo que discrecionalmente ha decidido entender por "grandes patrimonios" en Venezuela. En tal sentido, esta nueva regulación fiscal obliga a personas naturales y jurídicas cuyos activos sobrepasen los 100 millones o 36 millones de Unidades Tributarias (UT) respectivamente, -equivalente respectivamente a 250.000 y 650.000 euros aproximadamente en activos-. Dicho impuesto, se causará anualmente sobre el valor del patrimonio neto al cierre de cada período por la porción del patrimonio que supere los montos indicados.

Se trató de un proyecto que fue aprobado sin ser debidamente analizado y debatido, sin siquiera entrar a discutir sus secciones, procediendo a su sanción en bloque por la plenaria

---

[35] *Gaceta Oficial* N° 41.575 del 30 de enero de 2019.

[36] *Gaceta Oficial* N° 41.696 del 16 de agosto de 2019.

de la ANC, es decir, dejando por un lado la evaluación artículo por artículo que, conforme a la Constitución y los reglamentos parlamentarios, la legítima Asamblea Nacional efectivamente tendría que cumplir.

Este acto comporta un sistema de doble tributación en el país, en virtud de las cual las personas que llenen tales extremos deberán no solo asumir los impuestos que se producen en ocasión a los ingresos generados anualmente, sino *adicionalmente* asumir la carga de un impuesto adicional por concepto de tales ingresos, que pasan a ser posteriormente parte integrante del patrimonio.

Esta nueva medida "constituyente" supone el aumento de la presión fiscal en Venezuela en momentos de grave crisis del sector privado y la producción nacional, y como ha sido señalado por varios expertos, configura una transgresión de principios constitucionales que rigen la materia tributaria, entre ellos el principio de Justicia, de la capacidad contributiva, progresividad, de legalidad, de la irretroactividad, y de la no confiscatoriedad. En este sentido, la Academia de Ciencias Políticas y Sociales expresó entre otras críticas a esta "Ley", lo siguiente:

4. Sin menoscabo de la radical inconstitucionalidad e inexistencia de origen de la pretendida "Ley Constitucional", se trata de unas normas que carecen de certeza y determinación, lo que deslegaliza inconstitucionalmente elementos esenciales de la regulación de la obligación tributaria, compro-metiendo su legitimidad y haciéndola inaplicable e inútil desde un punto de vista práctico.

a. Son indeterminados los criterios normativos para (i) identificar los contribuyentes del pretendido impuesto utilizando la figura de los "sujetos pasi-, (ii) la deslegalización de las reglas especiales sobre valoración de bienes y derechos, (iii) la ilegítima atribución de facultades exorbitantes y discrecionales a la Administración Tributaria, para designar agentes de retención o de percepción, (iv) la pretensión de practicar un control discrecional sobre los denominados **"activos no declarados o subvaluados"**, incluyendo las normas sobre de-

embargo inmediato de bienes sin intervención judicial. La regulación de estas materias esenciales a la obligación tributaria es indisponible por el legislador y su delegación a la administración tributaria es insubsanable a través de la potestad reglamentaria.

Por tanto, cualquier acto que pretenda ejecutarse será no sólo nulo e ineficaz, sino inejecutable.

b. Por otra parte, la pretensión de aplicación para los ejercicios en curso vulnera las reglas constitucionales y legales sobre la *vigencia de las normas* y *las fuentes del derecho* y con ello la seguridad, la certeza, la previsibilidad del Derecho.

El inconstitucional impuesto al patrimonio es *asistemático*, al impedir su (i) deducibilidad como gasto del impuesto sobre la renta, (ii) contemplar la posibilidad de ser objeto de absurdas retenciones y percepciones que producirán el fenómeno de la doble tributación, al convertirse en una especie de sobretasa del impuesto sobre la renta, (iii) alterar las reglas sobre determinación de residencia y sobre establecimientos permanentes establecidas en el Código Orgánico Tributario y en la Ley de impuesto sobre la Renta y (iv) omitir toda medida unilateral para

evitar doble tributación internacional o nacional mediante mecanismo de crédito de impuesto. Por tanto, esta llamada "Ley Constitucional" contraría la exigencia de co-
herencia de un sistema tributario que debe procurar la
justa distribución de las cargas públicas según la capacidad económica del contribuyente, atendiendo al principio
de progresividad, así como la protección de la economía
nacional y la elevación del nivel de vida de la población,
conforme al artículo 316 de la Constitución[37].

a'. *Críticas adicionales sobre las supuestas "leyes
"y "decretos" "constitucionales" dictadas por
la ANC*

Como vemos, toda esta actividad legislativa de la ANC se
ha manifestado a través de las llamadas "leyes constitucionales" o simples "decretos constituyentes", referidas a: (i) restricciones de derechos y garantías constitucionales, especialmente en materia penal (regida por el principio de legalidad
penal); (ii) regulaciones laborales; (iii) regulaciones e imposiciones tributarias; (iv) disposiciones de carácter económico en
general; (v) organización y funcionamiento de los órganos del
Poder Público. Como hemos adelantado, se trata de materias
de reserva legal, conforme a la *Constitución* vigente, y por este
motivo son materias que deben ser tratadas exclusivamente

---

[37] Academia de Ciencias Políticas y Sociales. *Pronunciamiento de la
Academia de Ciencias Políticas y Sociales en rechazo a la "Ley
Constitucional que crea el impuesto a los grandes patrimonios"* dictada por la inconstitucional Asamblea Nacional Constituyente. Disponible en: http://www.acienpol.org.ve/cmacienpol/Resources/Pro-
nunciamientos/12072019182400Pronunciamiento%20%20ACPS-
%20Ley%20Constitucional%20que%20crea%20el%20impuesto%20
a%20los%20grandes%20patrimonios.pdf.

por el Poder Legislativo Nacional, único órgano con la legitimidad necesaria para la definición de tan importantes temas.

Ninguna de estas normas dictadas de manera abiertamente incompetente por inconstitucional por parte de la ANC, ha venido precedida de procedimientos legislativos, discusiones parlamentarias abiertas, informes técnicos o consultas populares. Se trata simplemente del ejercicio de un poder normativo autoritario impuesto desde el partido de Gobierno, sin ningún tipo de discusión o análisis. A través de la ANC, el Gobierno ha sustituido a la Asamblea Nacional como el órgano legítimo y constitucional para sancionar las leyes, logrado incrementar, en forma ilegítima, sus facultades normativas, para de esta forma imponer su voluntad, al margen de los criterios y opiniones de las distintas fuerzas políticas del país.

En efecto, podemos asegurar que ninguna de estas leyes ha sido objeto de discusión abierta y transparente ante la ANC. No se conocen siquiera los diarios de debates sobre toda esta legislación dictada por la ANC. Toda la elaboración de este amplio cuerpo normativo vino directamente desde el Ejecutivo Nacional, el cual utilizó la ANC para usurpar competencias que le corresponden al Poder Legislativo, violando además las garantías de la reserva legal.

Pero lo más grave es que al otorgársele esa inexistente calificación de "ley constitucional" o "decreto constituyente" se les ha pretendido excluir a toda esta normativa del control judicial que podría ejercer la Sala Constitucional del Tribunal Supremo de Justicia. Se trata del ejercicio de una facultad dictatorial y de monarquías absolutas, incompatible con los poderes legislativos dentro de un Estado Constitucional de Derecho, pues no existe forma alguna de discutir o cuestionar toda esta apresurada, inconstitucional y hasta irresponsable legislación.

2. La usurpación de las facultades de control presupuestario y control de planificación de la Asamblea Nacional: los actos de control y aprobación parlamentarios dictados por la ANC

Otra de las potestades importantes de la Asamblea Nacional, posiblemente una de las más importantes en la configuración del Estado de Derecho y la separación de poderes, es el control parlamentario sobre las distintas ramas del poder público y su actuar, función que también ha venido usurpando la ANC. Debido al carácter de órgano representativo y deliberante, la Asamblea Nacional tiene la responsabilidad de garantizar el control de la función pública y especialmente de garantizar el ejercicio de la función administrativa se ajuste a sus principios de funcionamiento, a saber, la honestidad, eficacia, eficiencia, transparencia, rendición de cuentas y responsabilidad[38]

Una de las razones básicas del principio de separación de poderes reside, precisamente, en la posibilidad de que los distintos órganos del Estado se controlen entre sí; que no haya una sola rama del poder público que escape al escrutinio político, social y jurídico. La mejor forma de evitar un autoritarismo es distribuyendo el poder entre los diversos órganos del poder público del Estado, y que estos estén sujetos a controles entre sí.

El Profesor Allan Brewer-Carías sostiene al respecto, que:

> *[...] la potestad de control que tienen ciertos órganos públicos respecto a la administración pública, consecuencia del Estado de Derecho, tiene su fundamento en la consagración del principio del Estado responsable, es*

---

[38] Artículo 141 de la Constitución de 1999.

decir, de una Administración Pública responsable y de unos funcionarios públicos responsables[39].

Así, en nombre del pueblo representado en el órgano parlamentario a través de los diputados y de la opinión pública, la Asamblea Nacional debe ejercer el *control político* del gobierno y de la administración pública a través de mecanismos tan importantes como las citaciones a funcionarios públicos, las interpelaciones, los votos de censura, la discusión y aprobación de la memoria y cuenta, la discusión y aprobación del presupuesto nacional, entre otras potestades.

Particularmente respecto al presupuesto y a la evaluación de las memorias y cuentas:

> *Se dice que el poder presupuestal es un poder de delimitación, tratándose de la vigencia futura, pero al mismo tiempo es un poder de control cuando se trata de la vigencia que expira, ya que permite a los parlamentarios juzgar sobre la manera como el gobierno hizo uso de ese presupuesto y con base en ese juicio glosar las partidas que se sometan a su consideración, si es del caso. Otro medio de control lo constituyen las comisiones investigadoras [...]*[40].

No obstante, lo dicho, otra de las ilegítimas actuaciones de la ANC ha sido la de sustituir a la Asamblea Nacional en sus facultades de revisión y aprobación presupuestaria. Conforme a la Constitución, el sistema financiero del Estado venezolano exige que el Gobierno presente ante el Poder Legislativo un

---

[39] BREWER-CARÍAS, Allan, *Instituciones Políticas y Constitucionales*. Caracas, 1982, Universidad Católica Andrés Bello, p. 594.

[40] NARANJO MESA, Vladimiro, *Teoría Constitucional e Instituciones Políticas* (Ed. 11) Editorial Temis, S.A. Bogotá, Colombia, 2010. p. 2.

proyecto de presupuesto, un plan operativo y el plan de endeudamiento público para el ejercicio del año siguiente. Sobre
estos, el parlamento tiene el deber de debatir y tiene la competencia para aprobar o desaprobar los mismos, como mecanismos de control al ejercicio del Poder Ejecutivo y, por ende,
como muestra de separación de poderes y garantías del Estado
de Derecho.

Así, la *Constitución* de 1999 establece en su artículo 187
numeral 6 la competencia exclusiva de la Asamblea Nacional
para discutir y aprobar el Presupuesto Nacional, así como
cualquier otra ley relacionada al crédito público y al sistema
financiero. Esta disposición satisface el principio de legalidad
del gasto público, conforme al cual "no se hará ningún tipo de
gato que no haya sido previsto en la Ley de Presupuesto"[41].
Por ello, con el control presupuestario previo por Ley y posterior, que ejerce la Asamblea Nacional, se atiende a la necesidad de que las distintas fuerzas políticas del país puedan examinar y controlar el gasto público. Estas disposiciones constitucionales han sido burladas y violadas con las pretendidas
aprobaciones presupuestarias realizadas por la ANC.

a)   *Aprobación de la Ley de Presupuesto, la Ley Espe-
     cial de Endeudamiento Anual, y el Plan Operativo
     Anual, concernientes a los años 2018 y 2019*

En fecha 5 de diciembre de 2017, la ANC resolvió aprobar
*Ley de Presupuesto, la Ley Especial de Endeudamiento Anual,
y el Plan Operativo Anual, todas para el año 2018, presenta-
das por el Ejecutivo Nacional*[42]. Posteriormente, el 19 de diciembre de 2018, mediante Decreto Constituyente, la ANC

---

[41]   Artículo 314 de la Constitución de 1999.

[42]   *Gaceta Oficial* N° 41.293 del 5 de diciembre de 2017.

resolvió aprobar la *Ley de Presupuesto para el Ejercicio Económico Financiero 2019*, la *Ley Especial de Endeudamiento Anual para el Ejercicio Económico Financiero 2019* y el *Plan Operativo Anual 2019*.

b). *Aprobación del Presupuesto de Ingresos y Gastos Operativos del Banco Central de Venezuela, para el Ejercicio Económico Financiero del año 2018 y del año 2019*

El artículo 318 de la *Constitución*, en conjunto con el artículo 7 de la *Ley del Banco Central de Venezuela*[43], establecen que, para cumplir con sus objetivos, la entidad tiene a su cargo las funciones de: (i) formular y ejecutar la política monetaria, (ii) participar en el diseño y ejecución de la política cambiaria, (iii) regular la moneda, el crédito y las tasas de interés, (iv) administrar las reservas internacionales, entre otras. No obstante, el presupuesto referente a los gastos de funcionamiento e inversiones del Banco Central de Venezuela requiere ser discutido y aprobado por la Asamblea Nacional, de conformidad a lo estipulado el artículo 319 *eiusdem*. Tal premisa es desarrollada también en el artículo 75 de la *Ley del Banco Central de Venezuela*, donde se reafirma expresamente que el proyecto de presupuesto de ingresos y gastos operativos de la institución se remitirá, para su discusión y aprobación, a la Asamblea Nacional.

Desconociendo la existencia misma del parlamento, la ANC, mediante Decreto Constituyente de fecha 14 de diciembre de 2017, aprobó el presupuesto de ingresos y gastos operativos del Banco Central de Venezuela, por demás sin detalles,

---

[43] Ley de BCV. *Gaceta Oficial Extraordinario* N° 6.211 del 30 de diciembre de 2015.

para el ejercicio correspondiente al año 2018[44]. Igualmente, el 19 de diciembre de 2018, también mediante Decreto Constituyente, la ANC aprobó el Presupuesto de Ingresos y Gastos Operativos del Banco Central de Venezuela para el Ejercicio Fiscal 2019[45].

Como vemos, una vez más la ANC se utiliza para suplantar al parlamento legítimamente elegido por el pueblo, dejando a los representantes de nuestra sociedad sin la posibilidad de examinar y control el presupuesto nacional.

c). *Aprobación del Plan de desarrollo económico y social de la Nación*

De acuerdo con el artículo 187 numeral 8 constitucional, corresponde a la Asamblea Nacional aprobar el Plan de desarrollo económico y social de la Nación, el cual es presentado por el Presidente de la República, dentro de los primeros tres meses de su gestión. Así las cosas, esta obligación del presidente de alinea con los objetivos de planificación para el desarrollo que establece la Constitución y las Leyes del país, que le otorga al poder legislativo la importante función de controlar dicho plan, es decir, controlar ya probar los lineamientos generales que guiaran la función de gobierno del Poder Ejecutivo.

Se trata de una de las funciones medulares de control que tiene el Poder Legislativo frente al Poder Ejecutivo, incluso, en concordancia con la Constitución, la actualmente vigente *Ley Orgánica de Planificación Pública y Popular*[46], expresamente contempla en su artículo 27 la obligación del Presidente

---

[44] *Gaceta Oficial* N° 41.300 del 14 de diciembre de 2017.

[45] *Gaceta Oficial* N° 41.549 del 19 de diciembre de 2018.

[46] *Gaceta Oficial Extraordinario* N° 6.148 del 18 de noviembre de 2014.

de la República la formulación del Plan de desarrollo económico y social de la Nación, así como su presentación ante la Asamblea Nacional para su control y aprobación.

Recordamos que para el período presidencial 2019-2025, fue electo Nicolás Maduro bajo severos cuestionamientos, en el marco de un proceso electoral gravemente viciado; ahora bien una vez iniciado dicho período, correspondía al Presidente presentar a la Asamblea Nacional, dentro de los primeros tres meses del período, su propuesta de Plan de desarrollo económico y social de la Nación; Nicolás Maduro hizo lo propio ante la ANC, que una vez más usurpó funciones del Poder Legislativo Nacional y, mediante una "Ley Constitucional" del 3 de abril de 2019 aprobó los lineamientos generales del Plan de la Patria, Proyecto Nacional Simón Bolívar, Tercer Plan Socialista de Desarrollo Económico y Social de la Nación 2019-2025[47]; con posterioridad, el 8 de abril de 2019 dio aprobación al Proyecto Nacional Simón Bolívar, Tercer Plan Socialista de Desarrollo Económico y Social de la Nación 2019-2025, conocido como el "Plan de la Patria"[48]. Al margen de la presente investigación es posible afirmar que se trata de un proyecto cargado de un importante y criticable contenido ideológico, sin cumplir con los razonamientos, requisitos y criterios que debe tener un plan de desarrollo nacional.

Nuevamente, se utilizó a la ANC como mecanismo para evadir los controles del Poder Legislativo Nacional, y para legitimar una fraudulenta elección y el aparente inicio de un período constitucional de la presidencia del país, dentro un contexto convulsionado, con un presidente aparentemente reelecto y duramente cuestionado y no reconocido por la mayor-

---

[47] *Gaceta Oficial Extraordinario* N° 6.442 del 3 de abril de 2019.

[48] *Gaceta Oficial Extraordinario* N° 6.446 del 8 de abril de 2019.

ía de los venezolanos y buena parte de la comunicad internacional.

3. La usurpación de la inmunidad parlamentaria de los diputados de la Asamblea Nacional: El desconocimiento y burla de la inmunidad parlamentaria por la ANC

Los representantes electos del Poder Legislativo, en el marco de un Estado de Derecho, han sido dotados de un fuero especial de protección, a efectos de garantizar su libertad, independencia y autonomía en el ejercicio de su cargo, mediante lo que se conoce como la inmunidad parlamentaria. El artículo 200 de la *Constitución* dispone que los diputados gozarán de la inmunidad parlamentaria en el ejercicio de sus funciones desde su proclamación hasta la conclusión de su mandato o la renuncia del mismo. Por lo cual, para poder enjuiciar a un diputado, es necesario que previamente: (1) que el Tribunal Supremo de Justicia en pleno declarar si hay mérito para dicho enjuiciamiento; y (2) que la Asamblea Nacional autorice su enjuiciamiento.[49] Este segundo requisito de la autorización del enjuiciamiento por la Asamblea Nacional, es lo que se conoce como el "allanamiento de la inmunidad parlamentaria", sin la cual no podría iniciarse el respectivo proceso penal.

Dicho allanamiento resultara del análisis político y jurídico que realice el cuerpo legislativo, luego de que la Sala Plena del Tribunal Supremo de Justicia haya determinado que existen méritos para enjuiciar a un determinado parlamentario. Este privilegio busca, en definitiva, garantizar la justicia e imparcialidad en la acusación penal sobre un parlamentario, dismi-

---

[49] Artículos 200 y 266 numeral 3 de la Constitución de 1999.

nuyendo ampliamente las posibilidades de juicios y persecuciones por motivos políticos.

Ahora bien, dentro de un contexto político e institucional hostil y de autocrático a dictatorial, con la finalidad de desmantelar la Asamblea Nacional como único órgano legítimo y constitucional, particularmente a partir del 10 de enero de 2019 y los eventos políticos de esa fecha, el Régimen ha venido hostigando judicialmente y persiguiendo a los diputados de la Asamblea Nacional. Para ello se ha servido tanto del TSJ -quien ha venido obviando los antejuicios de mérito- y de la ANC que ha realizado actos que pretenden allanar la inmunidad de los parlamentarios, usurpando así esta competencia exclusiva de la Asamblea Nacional. De esta forma se ha venido persiguiendo judicialmente a diputados de tendencia opositora al Régimen de Nicolás Maduro, a quienes el Fiscal General de la República, Tarek William Saab, también designado de manera inconstitucional por la ANC, les ha imputado la supuesta comisión de delitos de naturaleza política, como el de traición a la patria y hasta intento de magnicidio. Es el caso de las imputaciones y acusaciones penales realizadas en contra de los diputados Julio Borges (ex Presidente de la AN), Freddy Guevara (ex Vicepresidente de la AN), Juan Requesens, Edgar Zambrano (Vicepresidente de la AN), Henry Ramos Allup (ex presidente de la AN), Juan Guaido (Presidente de la AN y Presidente Ejecutivo encargado de Venezuela), Luis Florido, Marianela Magallanes, José Simón Calzadilla, Américo De Grazia, Richard Blanco, Freddy Superlano, Sergio Vergara, Juan Andrés Mejía, Franco Casella y Winston Flores, Carlos Paparoni, Miguel Pizarro, José Ángel Guerra, Tomás Guanipa y Juan Pablo García.

En estos casos, la ANC basándose en unas írritas decisiones del Tribunal Supremo de Justicia ha procedido de manera automática e inmediata a autorizar el allanamiento de la inmunidad parlamentaria de estos diputados opositores, sin contar con ninguna norma que le atribuya dicha competencia.

En el marco de tales procesos, el Tribunal Supremo de Justicia decidió sobre la causa, admitir el trámite y "comprometer la responsabilidad de los diputados implicados" remitir la solicitud de aprobación del allanamiento a la inmunidad parlamentaria de los mencionados diputados a la ANC, ratificando una vez más el desconocimiento de la autoridad de la Asamblea Nacional y las normas constitucional vigentes. Concretamente dispuso la Sala Plena lo siguiente:

> En este sentido, de conformidad con lo previsto en el artículo 200 de la Constitución de la República Bolivariana de Venezuela, correspondería ordenar la remisión de las actas a la Asamblea Nacional para que ésta ejerza su facultad de levantar la inmunidad parlamentaria; sin embargo, al encontrarse el Parlamento en desacato conforme a la decisión número 01 del 11 de enero de 2016, emitida por la Sala Electoral; y las sentencias números 808 y 810, de fechas 2 y 21 de septiembre de 2016, respectivamente; ratificado dicho desacato en el fallo número 952 de 21 de noviembre de 2016, así como también en las decisiones números 1012, 1013, 1014 del 25 de noviembre de 2016, y la número 01 del 6 de enero de 2017, todas dictadas por la Sala Constitucional de este Máximo Tribunal, y dada la instalación en fecha 4 de agosto de 2017 de la Asamblea Nacional Constituyente, como máxima expresión del Poder Constituyente Originario, con plenos poderes, se ordena la remisión de copias certificadas de las actuaciones a la Asamblea Nacional Constituyente, a los efectos contemplados en el

artículo 200 de la Constitución de la República Bolivariana de Venezuela[50].

Seguidamente, en fecha 6 de noviembre de 2017, la ANC acordó allanar la inmunidad del diputado Freddy Guevara[51].

La misma situación ocurrió en el caso de los diputados Julio Borges y Juan Requesens, cuya inmunidad parlamentaria fue allanada por la ANC, mediante acto constituyente de fecha 8 de agosto de 2018[52].

En data más reciente, el 3 de abril de 2019, la ANC tomó una decisión similar contra el diputado Juan Gerardo Guaidó Márquez, quien fue elegido presidente de la Asamblea Nacional el 5 de enero de 2019; así, el 23 de enero de 2019, Guaidó, vista la alegada falta de legitimidad en la elección presidencial de mayo de 2018, y por ende la ausencia de un presidente electo, asumió las competencias de la Presidencia de la República y del Poder Ejecutivo, volviéndose una de las principales figuras de oposición a Nicolás Maduro.

Ahora bien, a Guaidó le fue seguido el mismo procedimiento inconstitucional, fue acusado por el Fiscal General de la República –designado por la ANC-, de haber cometido graves delitos, acusación que presentó ante el cuestionado TSJ y donde supuestamente se habría abierto una investigación; el máximo tribunal en sentencia de su Sala Plena del 1° de abril de 2019 solicitó a la ANC allanamiento de la Inmunidad Par-

---

[50] Sentencia N° 69, dictada por la Sala Plena del Tribunal Supremo de Justicia, en fecha 3 de noviembre de 2017. Disponible en: http://historico.tsj.gob.ve/decisiones/tplen/noviembre/204801-69-31117-2017-2017-000112.HTML.

[51] *Gaceta Oficial* N° 41.272 del 6 de noviembre de 2017.

[52] *Gaceta Oficial* N° 41.456 del 8 de agosto de 2018.

lamentaria de Guaidó. En sesión del 2 de abril de 2019 la ANC decidió allanar dicha inmunidad, y mediante decreto constituyente expuso lo siguiente:

CONSIDERANDO

Que el Tribunal Supremo de Justicia solicitó autorización a esta Soberana Asamblea Nacional Constituyente, referida al ciudadano diputado de la Asamblea Nacional JUAN GERARDO GUAIDÓ MÁRQUEZ, titular de la Cédula de Identidad número 16.726.086, a los fines de que se determine lo conducente, según lo previsto en el artículo 200 de la Constitución de la República Bolivariana de Venezuela;

DECRETA

PRIMERO. Autorizar la continuación del enjuiciamiento del ciudadano diputado de la Asamblea Nacional JUAN GERARDO GUAIDÓ MÁRQUEZ, titular de la Cédula de Identidad número 16.726.086, y en consecuencia se aprueba el allanamiento de su inmunidad parlamentaria y la aplicación en todas sus partes lo establecido en el artículo 200 de la Constitución de la República Bolivariana de Venezuela. (...)[53]

De forma similar, en sesiones del 7 de mayo y del 14 de mayo de 2019, la ANC decidió violentar la inmunidad parlamentaria de los diputados Simón Calzadilla, Mariela Magallanes, Richard Blanco, Américo De Grazia, Henry Ramos Allup, Luis Florido y Edgar Zambrano[54], posteriormente decidió allanar ilegítimamente la inmunidad de los diputados Carlos Papa-

---

[53] *Gaceta Oficial* N° 41.609 del 3 de abril de 2019.

[54] *Gaceta Oficial* N° 41.627 del 7 de mayo de 2019.

roni, Miguel Pizarro, Freddy Superlano, Sergio Vergara y Juan Andrés Mejía[55], descartando a los diputados Flores y Casella, al alegar equívocamente que estos dos no gozan de inmunidad al ser diputados suplentes. Posteriormente, en fecha 12 de agosto de 2019, la ANC, en el marco de la persecución sistemática contra disidentes políticos, aprobó, el allanamiento de la inmunidad parlamentaria de los diputados José Guerra, Tomás Guanipa[56] y Juan Carlos García[57], miembros de los partidos de oposición -ilegalizados- Primero Justicia y Vente Venezuela, respectivamente, lo cual permite que les sea continuada la absurda e inconstitucional investigación penal iniciada en su contra, como al resto de los demás dirigentes mencionados, e incluso, dictarles autos de detención preventiva arbitrarios.

Así las cosas, se trata nuevamente de la utilización de las instituciones y los mecanismos formales del Poder Público Nacional, así como la ilegítima ANC, para la persecución inconstitucional y arbitraria de diputados de oposición al régimen de Nicolás Maduro.

III. LA USURPACIÓN DE LAS FUNCIONES ELECTORALES DEL CONSEJO NACIONAL ELECTORAL Y DE LEGISLACIÓN ELECTORAL DE LA ASAMBLEA NACIONAL POR LA ANC

De acuerdo con el artículo 253.5 de la *Constitución*, corresponde al Poder Electoral la organización, dirección y verificación de todos los procesos electorales para los cargos de votación popular. Por su parte, el artículo 42 de la *Ley Orgáni-*

---

[55] *Gaceta Oficial* N° 41.632 del 14 de mayo de 2019.

[56] *Gaceta Oficial* N° 41.692 del 12 de agosto de 2019.

[57] *Gaceta Oficial* N° 41.692 del 12 de agosto 2019.

ca de Procesos Electorales atribuye clara y exclusivamente al Consejo Nacional Electoral (CNE), máxima autoridad en la materia, la potestad para convocar a procesos electorales para los cargos de elección popular.

Sin embargo, desde su entrada en funciones, la ANC ha convocado a tres (3) controversiales procesos electorales, desconociendo la autonomía del Poder Electoral y las normas constitucionales y legales que establecen los períodos y plazos comiciales.

1. *Convocatoria a elecciones de los gobernadores de Estados*

La renovación de los cargos de gobernadores de Estados correspondía ser realizada durante el año 2016, sin embargo, luego de que el Gobierno recibiera un significativo revés en las elecciones parlamentarias de diciembre de 2015, el CNE - controlado por el gobierno del presidente Maduro- decidió de facto suspender este proceso electoral al simplemente no convocarlo, en evidente incumplimiento de sus deberes constitucionales.

Así, 18 de octubre de 2016, la Presidenta del CNE dio a conocer el calendario electoral de 2017, indicando como fecha tentativa para la realización de las Elecciones Regionales el primer semestre del 2017, alegando la supuesta necesidad de cumplir primero con el proceso de renovación de partidos políticos, los cuales habían sido – en su mayoría- inhabilitados por una decisión arbitraria de la Sala Constitucional del Tribunal Supremo de Justicia[58].

---

[58] Sentencia N° 1, dictada por la Sala Constitucional, en fecha 5 de enero de 2016. Disponible en http://historico.tsj.gob.ve/decisiones/scon/-enero/184234-0001-5116-2016-15-0638.HTML

La situación de tensión política en Venezuela se fue acrecentando y en abril de 2017 se desató una ola de protestas y manifestaciones sociales y políticas[59], como rechazo a dos (2) sentencias dictadas por la Sala Constitucional del que desconocieron las facultades y atribuciones de la Asamblea Nacional. A estas protestas se unió la exigencia de convocaría de las elecciones de Gobernadores.

En medio de la delicada situación nacional, y una vez que se encontraba cerca la culminación del írrito proceso de renovación de partidos políticos, el 23 de mayo 2017 el CNE anunció la posibilidad de realizar las elecciones de gobernadores para el domingo 10 de diciembre de 2017[60], sin especificar mayores detalles y sin realizar una convocatoria oficial ni la publicación del cronograma electoral correspondiente.

No fue sino hasta el 15 de junio de 2017 cuando la autoridad electoral emitió la Resolución oficial contentiva de la convocatoria a elecciones para el mes de diciembre e hizo público el cronograma correspondiente[61]. Sin embargo, se trató de un calendario que no cumplía con los plazos establecidos en la Ley, lo que comprometía las garantías de las condiciones adecuadas de transparencia en todas las fases del

---

[59] CIDH (32 de diciembre de 2017) *"Informe sobre la situación de derechos humanos en Venezuela,"* (OEA/Ser.L/V/II. p. 192. Disponible en: http://www.oas.org/es/cidh/informes/pdfs/Venezuela2018-es.pdf .

[60] CNE-Nota de Prensa (23 de mayo de 2017) *"CNE aprobó elaborar cronogramas para Asamblea Constituyente y comicios regionales"* Disponible en: http://www.cne.gov.ve/web/sala_prensa/noticia_detallada.php?id=3506.

[61] CNE -Nota de prensa (15 de junio de 2017) *"Presentado cronograma para elecciones regionales del 10 de diciembre"* Disponible en: http://www.cne.gov.ve/web/sala_prensa/noticia_detallada.php?id=3519.

proceso electoral. Finalmente, el 5 de agosto de 2017, el CNE emitió un comunicado de prensa[62] donde detalló el inicio del periodo de inscripción de candidatos a las elecciones regionales a celebrarse el 10 de diciembre.

De manera sorpresiva, el 12 de agosto, tan solo 7 días después de haber iniciado sus funciones la ANC, ésta ordenó la reprogramación de las elecciones de gobernadores, adelantándolas para el mes de octubre de 2017 y ordenándole al CNE realizar todas las actuaciones conducentes para la celebración de esas elecciones[63]. De esta manera, la ANC usurpó las competencias del máximo ente electoral para complacer claramente los intereses políticos del partido oficialista.

En la misma fecha, el CNE decidió dar cumplimiento a la orden emanada de la ANC e inició los procesos de reprogramación de la convocatoria a elecciones regionales para el mes de octubre de 2017[64]. Es de hacer notar que el CNE dio inicio a los procedimientos de postulación oficial de candidatos para celebrar elecciones en el mes de octubre de 2017, sin ni siquiera haber convocado oficialmente a una fecha cierta para el evento electoral y sin haber publicado el cronograma electoral respectivo.

---

[62] CNE-Nota de Prensa (5 de agosto 2017) *"CNE iniciará proceso de inscripción de candidaturas para elecciones Regionales 2017"*. Disponible en: http://www.cne.gov.ve/web/sala_prensa/noticia_detallada.php?id=3556.

[63] *Gaceta Oficial Extraordinario* N° 6.327 del 12 de agosto de 2017.

[64] CNE –Nota de Prensa (12 agosto de 2017) *"CNE ordenó a la JNE reprogramar para octubre fecha de elecciones"*. Disponible en: http://www.cne.gov.ve/web/sala_prensa/noticia_detallada.php?id=35 59.

2. Convocatoria a elecciones municipales

Al igual que con los comicios para gobernadores de estado, las elecciones municipales en Venezuela debieron haberse realizado en diciembre de 2016; sin embargo, la convocatoria a dicho proceso fue así mismo suspendida de facto al no convocarse oportunamente.

Al igual que las elecciones de gobernadores de estados, la convocatoria a elecciones municipales es una competencia constitucional del CNE[65]. No obstante, una vez instalada la ANC ésta resolvió convocar la realización de los comicios municipales para el día 10 de diciembre de 2017, conforme a un "decreto constituyente" del 26 de octubre de 2017[66], donde nuevamente ordenó al CNE realizar todas las actuaciones conducentes para tal fin.

En fecha 27 de octubre de 2017, el CNE decidió dar cumplimiento a la orden emanada de la ANC e iniciar los procesos relacionados a la realización de las elecciones municipales[67].

3. El desconociendo de la voluntad popular de los resultados electorales mediante la exigencia de juramentaciones ante la ANC no prevista en el ordenamiento jurídico

Como era claramente previsible, estos comicios convocados por la ANC generaron un importante rechazo por parte de un buen -y hasta mayoritario- sector de la población, generan-

---

[65] Artículo 293, núm. 5 de la Constitución de 1999.

[66] *Gaceta Oficial* N° 41.265 del 26 de octubre de 2017.

[67] CNE-Nota de Prensa (27 de octubre de 2017) *"Postulaciones de candidatos municipales comienza el próximo lunes 30"*. Disponible en: http://www.cne.gob.ve/web/sala_prensa/noticia_detallada.php?id=35 96

do una altísima abstención en ambos procesos, sobre todo debido a la ausencia de las garantías mínimas para realizar un proceso electoral transparente. Por ello esta convocatoria de la ANC fue objeto de un amplio rechazo, al haber sido convocadas por un órgano inconstitucional electo a espaldas del pueblo y en contra de las disposiciones constitucionales. Como era de esperarse, el oficialismo al ir prácticamente solo a estas elecciones, sacó un claro provecho de esta situación, obteniendo unos resultados que no reflejaban la composición política del país, en virtud de la alta tasa de abstención mayoritaria de la población que se registró en estos comicios.

Aun así, la oposición obtuvo unas pocas victorias[68], algunas de ellas importantes, frente a lo cual la ANC decidió exigir, obligatoriamente, que todos los gobernadores electos reconocieran a la ilegítima ANC y presentaran un juramento de carácter político ante ella, a manera de reconocer la autoridad última. Ello, a pesar de que no existe ninguna norma constitucional o legal que así lo establezca.

En efecto, de acuerdo con el artículo 12 *Ley sobre Elección y Remoción de los Gobernadores de Estado*[69], el gobernador electo debe presentar juramento ante la Asamblea Legislativa (máximo órgano de representación legislativa de cada Estado o entidad federal) para poder tomar posesión del cargo. Es decir, la competencia legal establecida para cumplir con la formalidad del juramento se le atribuye directamente a las Asambleas Legislativas de los Estados, como lógica consecuencia de un sistema de gobierno federal y supuestamente descentralizado. Además, las Constituciones de los Estados

---

[68] La oposición venezolana logró obtener cuatro (4) de las veinticuatro (24) gobernaciones.

[69] *Gaceta Oficial Extraordinario* N° 4.086 del 14 de abril de 1989.

(Leyes estadales de organización del poder público regional dictadas por las Asambleas Legislativas de los Estados) también atribuyen la competencia de juramentación de sus autoridades ejecutivas al parlamento regional, en concordancia con la Ley Nacional.

Sin embargo, durante los días siguientes a las elecciones de gobernadores, la directiva de la ANC y el Presidente de la República realizaron alocuciones públicas indicando que los gobernadores electos debían juramentarse y subordinarse ante la ANC, resaltado el carácter plenipotenciario de ésta, a manera de forzar a todos los gobernadores electos que presentaran una muestra clara de reconocimiento del poder político de la controversial ANC y su carácter "supraconstitucional"[70].

El 18 de octubre de 2017, la ANC dictó un "Decreto Constituyente"[71], en el cual ordenaba directamente a los Consejos Legislativos de los estados (órganos de los poderes legislativos estadales), a no juramentar a aquellos gobernadores electos que no prestarán juramento y se subordinaran ante esa ANC, lo cual configuraba un evidente de menoscabo y desconoci-

---

[70] *El Nacional* (12 de octubre de 2017) "Cabello: Si no se juramentan con la ANC, gobernadores no asumirán el cargo". Disponible en: http://www.el-nacional.com/noticias/gobierno/cabello-juramentan-con-anc-gobernadores-asumiran-cargo_207389. Telesur (20 de octubre de 2017*) "Presidente Maduro: Estamos obligados a respetar poderes de ANC"*. Disponible en: https://www.telesurtv.net/news/Presidente-Maduro-Estamos-obligados-a-respetar-poderes-de-ANC-20171020-0065.html (21 de octubre de 2017) *"Venezuela: ANC ratifica llamado a gobernadores opositores a juramentarse"*. Disponible en: https://www.telesurtv.net/news/Venezuela-ANC-ratifica-llamado-a-gobernadores-opositores-a-juramentarse-20171021-0036.html https://www.telesurtv.net/news/Venezuela-ANC-ratifica-llamado-a-gobernadores-opositores-a-juramentarse-20171021-0036.html

[71] *Gaceta Oficial* N° 41.259 del 18 de octubre de 2017.

miento de la voluntad popular expresada mediante el derecho al voto de todos los ciudadanos, derecho que se supeditó con esta exigencia de una formalidad de índole político que no está contemplada en ningún texto legislativo. Ello, además, vulneró directamente los derechos políticos y civiles de los gobernadores opositores electos, al obligarlos a reconocer la ANC que previamente habían denunciado y que, en su ejercicio legítimos de sus derechos, habían decidido no reconocer.

La lista de gobernadores que presentaron juramento ante la ANC y que podían proceder a tomar posesión de sus cargos fue publicada inicialmente en Gaceta Oficial[72]; posteriormente cuando tres (3) de los gobernadores de tendencia opositora decidieron acudir ante la ANC, esta procedió a autorizar dicha juramentación el 23 de octubre de 2017.[73]

Esta condición que lucía en el papel inocua trajo importantes consecuencias, pues las distintas fuerzas políticas del país habían decidido desconocer todo el proceso electoral que derivó en la conformación de la ANC, por lo que aceptar presentar un juramento ante este organismo conllevaba a un fuerte rechazo popular.

4. *Caso especial del gobernador electo del Estado Zulia, Juan Pablo Guanipa*

Es necesario hacer mención al insólito caso de *Juan Pablo Guanipa*, gobernador electo del estado Zulia, quien fue el único gobernador de oposición (partido unitario MUD) legítimamente electo, que se negó a cumplir la orden inconstitucional de reconocer y juramentarse ante la ANC y, quien exigió se siguiera el trámite legalmente establecido en la mencionada

---

[72] *Ibídem.*

[73] *Gaceta Oficial* N° 41.262 del 23 de octubre de 2017.

Ley y la Constitución del estado Zulia, para asumir el cargo para el que había sido elegido[74].

En su caso, el Consejo Legislativo del estado Zulia, de mayoría oficialista, en acatamiento a la írrita ANC, se negó a convocar la sesión solemne para juramentarlo. Con base en esta arbitraria decisión, la ANC de manera insólita revocó la elección de Juan Pablo Guanipa como gobernador electo del estado Zulia, al declarar que había quedado vacante el cargo de gobernador del estado Zulia, al existir una falta absoluta, y convocó ilegítimamente a otras elecciones en esa entidad[75].

Obviamente, ese nuevo proceso electoral que se celebró en diciembre del mismo 2017 trajo como consecuencia el triunfo del candidato oficialista (PSUV), Omar Prieto, quien procedió a juramentarse ante la ANC y es quien para la fecha usurpa ejerce el cargo de gobernador del estado Zulia[76]. Tal acto representa un claro desconocimiento de la voluntad popular que había escogido a Juan Pablo Guanipa, como gobernador del estado Zulia; y además una violación a sus derechos políticos a ser elegido.

---

[74] Al respecto ver: BBC mundo (26 de octubre de 2017) *"Habla Juan Pablo Guanipa, el único gobernador que no quiso juramentarse en Venezuela: la oposición "no puede participar en procesos electorales sin verdaderas garantías"*. Disponible en: https://www.bbc.com/mundo/noticias-america-latina-41752308.

[75] Telesur (26 de octubre de 2017) *"Venezolanos escogerán nuevo gobernador en el Zulia"*. Disponible en: https://www.telesurtv.net/-news/Venezolanos-escogeran-nuevo-gobernador-en-el-Zulia-20171026-0055.html.

[76] Globovisión (10 de diciembre de 2017) *"Omar Prieto electo nuevo gobernador del estado Zulia"*. Disponible en: https://globovision.com/article/nuevo-gobernador-del-estado-zulia.

Este triste episodio generó, además, un efecto expansivo de la abstención electoral, pues lógicamente los ciudadanos se sintieron burlados el ejercicio de su derecho a elegir, toda vez que los resultados podían ser desconocidos con simples decisiones arbitrarias al antojo de la ANC.

5. *Juramentación Alcaldes electos en diciembre de 2017*

En forma similar, el 10 de diciembre de 2017 se celebró la elección de autoridades municipales en Venezuela (también convocadas irregularmente por la ANC); en esta oportunidad y vistas todas las irregularidades anteriores y existentes, el bloque mayoritario de oposición venezolana decidió no participar en los comicios, cuestionando la legitimidad de su convocatoria y las condiciones de su realización.

En todo caso, los candidatos que resultaron electos también fueron obligados a presentar juramento ante la ANC para poder tomar posesión de su cargo, a pesar de que el requisito legal dispuesto en el artículo 97 de la *Ley Orgánica del Poder Público Municipal,*[77] establece que ello corresponde exclusivamente a los concejos municipales de cada Municipio. No obstante, la ANC resolvió, el 14 de diciembre de 2017, delegar la juramentación de los alcaldes electos ante su autoridad para que esta fuera realizada ante los constituyentistas representantes de cada Municipio[78].

---

[77] *Gaceta Oficial Extraordinaria* N° 5.806 del 10 de abril de 2006.

[78] *Gaceta Oficial* N° 41.300 del 14 de diciembre de 2017

6. La ilegalización de partidos políticos de oposición mediante la modificación de las reglas de participación en los procesos electorales por la ANC

Luego de efectuados los mencionados comicios municipales, el 27 de diciembre de 2017 se publicó un nuevo "Decreto Constituyente" la ANC[79], mediante el cual se regula la vigencia y legalización de los partidos políticos para la realización de futuros comicios. Con este Decreto, la ANC procedió a ilegalizar a los partidos importantes de oposición, para así poder obtener una considerable ventaja en las elecciones presidenciales de 2018. En efecto, mediante este Decreto, la ANC modificó lo dispuesto en la *Ley de Partidos Políticos, Reuniones Públicas y Manifestaciones* vigente desde 2010[80], usurpando las facultades legislativas de la Asamblea Nacional y violando nuevamente el principio de legalidad y la reserva legal sobre las limitaciones a derechos políticos, contemplados en el artículo 67, entre otros de la Constitución.

Básicamente, la ANC estaba preparando el camino para la convocatoria, en el año 2018, de la elección al cargo de Presidente de la República, para lo cual quiso evitar que los principales partidos políticos de oposición pudiesen postular candidatos presidenciales. Con ello, la ANC, como dijimos, básicamente procedió a ilegalizar a los partidos para obtener una considerable ventaja en las elecciones presidenciales de 2018.

Con este Decreto, la ANC dispuso, entre otras cosas, que todos los partidos políticos que desearan participar en un nuevo proceso electoral, debían haber participado en el

---

[79]   *Gaceta Oficial* N° 41.308 del 27 de diciembre de 2017.

[80]   *Gaceta Oficial Extraordinario* N° 6.013 del 12 de diciembre de 2010.

proceso comicial anterior, sacando provecho al hecho de que la mayoría de los partidos políticos del sector opositor, habían decidido no participar en las elecciones convocadas por la ANC, frente a la ausencia de garantías electorales y ante el desconocimiento de una convocatoria realizada por la ANC.

Concretamente, la ANC dispuso que esos partidos políticos que no habían postulado candidatos en las últimas elecciones, no podrían postular candidatos hasta tanto no renovasen su nómina de afiliados, sometiendo este proceso a un cronograma discrecional y arbitrario que impondría el CNE. Como vemos, en la práctica se ilegalizó a los partidos políticos que no participaron en las elecciones municipales, hasta tanto no cumpliesen con el trámite de renovación de nómina[81].

Esta regulación violó el derecho de participación ciudadana en asuntos públicos –artículo 62 de la *Constitución*– así como el artículo 5 de la *Carta Democrática Interamericana*, conforme al cual "*el fortalecimiento de los partidos y de otras organizaciones políticas es prioritario para la democracia*". Además, se trata de un "Decreto Constituyente" que desconoció los propios "limites" que se impuso la propia ANC, pues según las Bases Comiciales impuestas por el Presidente de la República en la convocatoria a la ANC se estableció que el funcionamiento de ésta tendría como límites "los valores y principios de nuestra historia republicana, así como el cumplimiento de los tratados internacionales, acuerdos y compromisos válidamente suscritos por la República, el carácter progresivo de los derechos fundamentales de los

---

[81] Prodavinci. (30 de diciembre de 2017*) "¿Qué decidió la "ANC" en relación con los partidos políticos?"*. Disponible en: https://prodavinci.com/que-decidio-la-anc-en-relacion-con-los-partidos-politicos/.

ciudadanos y las ciudadanas y las garantías democráticas dentro del más absoluto respeto de los compromisos asumidos"[82].

En efecto, esta regulación de la ANC contraviene la vigente *Ley de Partidos Políticos, Reuniones Públicas y Manifestaciones* y además es injustificada, pues como vimos, no existe ninguna "obligación de postular candidatos" en todos los procesos electorales. Además, pretende censurar una legítima decisión política de la no participación en eventos comiciales considerados arbitrarios e injustos. Por si fuera poco, se trata de una regulación retroactiva, pues para el momento en que los partidos políticos decidieron no participar en las municipales no existía ninguna regla electoral que obligaba a postular candidatos[83].

7. *Convocatoria a elecciones presidenciales*

De acuerdo con la *Constitución*, el periodo presidencial tiene una duración de seis (6) años, y el cargo debe ser sometido a votación tradicionalmente en el mes de diciembre del último año del período, para que el nuevo o reelecto presidente pueda tomar posesión de su cargo el 10 de enero del año siguiente, como lo dispone expresamente la *Constitución*[84]. Además, al igual que las elecciones de las autoridades de los

---

[82] Base Comicial Undécima en Decreto N° 2.878 publicado en la *Gaceta Oficial* N° 41.156 del 23 de mayo de 2017.

[83] Prodavinci. (30 de diciembre de 2017*) "¿Qué decidió la "ANC" en relación con los partidos políticos?".* Disponible en: https://prodavinci.com/que-decidio-la-anc-en-relacion-con-los-partidos-politicos/.

[84] Artículo 231 de la Constitución de 1999.

estados y las municipales, la convocatoria a elecciones presidenciales es una competencia constitucional del CNE[85].

Sin embargo, en el complicado contexto de crisis política en Venezuela, la fecha de las elecciones presidenciales había sido tema de discusiones inclusive en el plano internacional, a fin de asegurarse las garantías democráticas y la observación internacional. Dadas las irregularidades de los dos procesos anteriores, la ilegalización de los partidos políticos decretada por la ANC, la inhabilitación de los principales candidatos de la oposición como eran Capriles y López y, las condiciones políticas del país, en enero de 2018 el Gobierno comenzó a contemplar la idea de adelantar de las elecciones presidenciales, para así elegir a quien detentaría el cargo durante el período 2019-2025.

Obviamente, el Gobierno quería aprovechar la coyuntura política del momento, donde la oposición se encontraba negada a participar en procesos electorales sin las debidas garantías, y además, la ANC había desarticulado a los principales partidos y líderes políticos de oposición.

El 23 de enero de 2018, la ANC resolvió convocar a dichas elecciones para el primer cuatrimestre del año 2018 (entre enero y abril de 2018)[86] ordenando al CNE realizar las actuaciones conducentes y, por ende, la definición de dicha fecha. Dicho "Decreto Constituyente", e inclusive el mismo acto político en la ANC, estuvieron cargados de un alto contenido político e ideológico, evidenciado una clara parcialización en las motivaciones plasmadas en el texto publicado. En efecto, en el Decreto se habla de "poderes imperiales y facticos que han

---

[85] Artículo 293, núm. 5 de la Constitución de 1999.

[86] *Gaceta Oficial Extraordinario* N° 6.361 del 23 de enero de 2018.

desatado campañas de odio contra Venezuela", se hace mención a las sanciones en contra de funcionarios gubernamentales y se les califica como "violatorias al estado de derechos humanos"; y por último, se califica a la oposición venezolana de "atender a un guion de factura imperial que busca justifica y facilitar una intervención extranjera". A partir de ese momento, el CNE se mantuvo en sesión permanente para realizar la convocatoria a estas elecciones presidenciales ordenadas por la ANC, planteándose inicialmente el 22 de abril como fecha tentativa para dicha elección.

No obstante, la complicada situación venezolana y posteriores decisiones de carácter político, aunado a fallidas negociaciones entre sectores del gobierno y la oposición nacional, resultaron en que el CNE, el 1 de marzo de 2018, replanteara unilateralmente la convocatoria a las elecciones presidenciales para el 20 de mayo de 2018, incluso fuera del primer cuatrimestre que había impuesto la ANC. Dicha reprogramación fue respaldada por una decisión de la misma ANC de esa fecha[87], que habría reprogramado la convocatoria justificando tal cambio en la conveniencia para garantizar mayor participación, uniendo el proceso electoral presidencial junto con los comicios para elegir los representantes legislativos estadales y municipales, también pendientes desde 2016 y que no se celebraron en esa fecha.

a) *Situación del Presidente de la República como resultado de las cuestionadas elecciones de mayo de 2018*

El 20 de mayo de 2018 se celebró en Venezuela la elección presidencial correspondiente al período 2019-2025 (elecciones

---

[87] *Gaceta Oficial* N° 41.351 del 1° de marzo de 2018.

también convocadas irregularmente por la ANC). En dicha elección, el bloque mayoritario de coalición opositora también decidió no participar en los comicios, cuestionado nuevamente la legitimidad de su convocatoria y de las condiciones de su realización.

Por supuesto, el CNE avaló la convocatoria a elecciones de la ANC, sin ni siquiera publicar, simultáneamente como era costumbre, el cronograma electoral, donde debían precisarse todos los lapsos y actividades electorales. Además, diversas organizaciones observadoras de los procesos electorales realizaron una serie de cuestionamientos a este proceso electoral. Así, evidenciaron que el CNE había eliminado el cronograma actividades relacionadas al catastro, simulacro, uso de la tinta indeleble, observación nacional y acompañamiento internacional e, incluso, dejó por fuera las postulaciones de grupos de electores e iniciativa propia. Aunado a esto, recortó drásticamente los lapsos para la presentación de candidaturas (restando 295 días a las actividades en comparación al 2012) y al plazo para organizar el Registro Electoral, la campaña electoral y ensamblaje de material[88].

Se trató, en suma, de un proceso electoral que no contó con las garantías electorales mínimas, tal y como fue expuesto en su momento por la Asamblea Nacional, la cual rechazó enfáticamente estos comicios, al tratarse de un proceso que no podía calificarse como democrático, libre, justo y transparente. Así, la AN, mediante Acuerdo adoptado el día 22 de mayo de 2018, denunció el proceso electoral del 20 de mayo de 2018, como

---

[88] Al respecto, puede verse el Informe elaborado por el Observatorio Electoral Venezolano (24 de febrero de 2018) *"El CNE organiza unas presidenciales "chucutas"*. Disponible en: *http://www.oevenezolaN°org/2018/02/24/el-cne-organiza-unas-presidenciales-chucutas/*.

una "farsa" que "incumplió todas las garantías electorales reconocidas en Tratados y Acuerdos de Derechos Humanos, así como en la Constitución de la República Bolivariana de Venezuela y la Ley Orgánica de Procesos Electorales, tomando en cuenta la ausencia efectiva del Estado de Derecho; la parcialidad del árbitro electoral; la violación de las garantías efectivas para el ejercicio del derecho al sufragio y para el ejercicio del derecho a optar a cargos de elección popular; la inexistencia de controles efectivos en contra de los actos de corrupción electoral perpetrados por el Gobierno; la sistemática violación a la libertad de expresión, aunada a la parcialidad de los medios de comunicación social controlados por el Gobierno, y la ausencia de mecanismos efectivos y transparentes de observación electoral"[89].

Este rechazo a un proceso electoral sin garantías mínimas fue respaldado por la Declaración del Grupo de Lima[90], quienes expresaron que no reconocían "la legitimidad del proceso electoral desarrollado en la República Bolivariana de Venezuela que concluyó el pasado 20 de mayo, por no cumplir con los estándares internacionales de un proceso democrático, libre, justo y transparente"[91].

---

[89] El texto del Acuerdo puede consultarse en: Asamblea Nacional del 22 de mayo de 2018. Disponible en: http://www.asambleanacional.gob.ve/actos/_acuerdo-reiterando-el-desconocimiento-de-la-farsa-realizada-el-20-de-mayo-de-2018-para-la-supuesta-eleccion-del-presidente-de-la-republica de-la-farsa-realizada-el-20-de-mayo-de-2018-para-la-supuesta-eleccion-del-presidente-de-larepublica.

[90] Grupo conformado por los gobiernos de Argentina, Brasil, Canadá, Chile, Colombia, Costa Rica, Guatemala, Guyana, Honduras, México, Panamá, Paraguay, Perú y Santa Lucía.

[91] CNN en Español (21 de mayo de 2018) "Grupo de Lima desconoce elecciones en Venezuela y llama a consultas a sus embajadores". Disponible en: https://cnnespanol.cnn.com/2018/05/21/grupo-de-

Esta posición fue luego avalada por el Grupo G7, que reúne a los líderes de Alemania, Canadá, Estados Unidos, Francia, Italia, Japón y el Reino Unido, y de la Unión Europea, quienes rechazaron dicha elección presidencial por "no cumplir los estándares internacionales" ni asegurar "garantías básicas," concluyendo que "las elecciones presidenciales venezolanas y su resultado, ya que no es representativo de la voluntad democrática de los ciudadanos de Venezuela"[92].

Como era de esperarse los resultados de esta ilegítima elección fueron manipulados, para tratar de disimular la escasa participación debido a la altísima cifra de abstención que ascendió a un record histórico de casi 83%. En efecto, tal y como lo denunció la Alianza Nacional Constituyente, al expresar que el CNE "alteró e incrementó los resultados a 9.383.329 votantes, adjudicándole a Maduro 6.245.862 votos, cuando de acuerdo al conteo de actas solo obtuvo 1.811.220 de un total de electores que votaron válidamente de 3.590.040 (17,3%)".[93]

En definitiva, se trató de un arbitrario proceso electoral convocado por la ilegítima ANC, adelantadas y en una fecha contraria a la tradición democrática de Venezuela, donde no sólo se incumplieron los estándares mínimos para garantizar un proceso electoral libre y transparente, sino donde además se habían inhabilitado a los principales partidos y candidatos de oposición, para de esta forma lograr, en la práctica, un proceso

---

lima-desconoce-elecciones-en-venezuela-y-llama-a-consultas-a-sus-embajadores/.

[92] Declaración de Líderes del G7 (Ottawa, Ontario 23 de mayo de 2018) *"G7 Leaders' Statement on Venezuela,"* en la página oficial del primer Ministro de Canadá, Justin Trudeau, *https://pm.gc.ca/eng/news/-2018/05/23/g7-leaders-statement-venezuela.*

[93] *Este informe de la Alianza Nacional Constituyente puede verse en http://ancoficial.blogspot.com/.*

electoral de baja participación y sin contrincantes. Pero además, fue un proceso electoral manejado por unas rectoras que no fueron elegidas conforme a la *Constitución*, por la Asamblea Nacional, sino políticamente impuestas por el Tribunal Supremo de Justicia y luego por la propia ANC.

Vale la pena destacar que, irónicamente, Nicolás Maduro no se fue obligado a presentar juramento ni ante la Asamblea Nacional ni tampoco ante ANC como los gobernadores y alcaldes, la cual recordamos lo había ratificado en el cargo el 10 de agosto de 2017. De forma ilegítima Nicolás Maduro se juramentó ante el Tribunal Supremo de Justicia bajo su control, órgano que no tiene ninguna competencia para juramentar funcionarios "electos" por votación popular[94].

IV. OTROS ACTOS DE USURPACIÓN DICTADOS POR LA ANC

1. *Restructuración y supresión de entes u órganos constitucionales*

Basado en su supuesto carácter "supraconstitucional", y en el precedente marcado durante la constituyente de 1999, la ANC ha tomado una serie de decisiones sobre los órganos constitucionales ("poder constituido") que han cobrado un carácter definitivo, sin importar además el respaldo que tenga o no el proyecto constituyente en una eventual consulta aprobatoria.

Concretamente, ha decidido afectar dos instituciones constitucionales previstas en la *Constitución* vigente, como lo son

---

[94] Tal cual (10 de enero de 2019) *"Maduro se juramentó ante el TSJ a pesar de críticas sobre su legitimidad"*. Disponible en: https://talcualdigital.com/index.php/2019/01/10/maduro-se-juramento-ante-el-tsj-a-pesar-de-criticas-sobre-su-legitimidad/.

el Ministerio Público y los Distritos Metropolitanos, haciendo uso exorbitante de sus atribuciones constituyentes y modificando la organización del Estado venezolano, incluso, como dijimos, sin contar con la aprobación final de su proyecto. Cabe preguntarse nuevamente cuál será el destino de estas decisiones y de estas instituciones afectadas si el eventual proyecto constituyente (si llegare a existir) no es aprobado en la consulta popular que debe realizarse.

a). *Reestructuración del Ministerio Público*

El 5 de agosto de 2017, con un solo día de haberse instalado la ANC, ésta dicto el Decreto de Emergencia y Restructuración del Ministerio Público[95]. La ANC señaló como motivación a este Decreto la "inactividad manifiesta conforme a los índices delictivos y de actos conclusivos acusatorios mínimos, según constan en la Memoria y Cuenta de esta Institución durante los últimos diez años, colocando a la República en situación de vulnerabilidad en su combate contra la violencia delictiva y la violencia con fines políticos, generando por esta vía la desestabilización del país"

Cabe mencionar que, quien era la Fiscal General de la República durante esos 10 años señalados, a saber, Luisa Ortega Díaz, estaba siendo destituida del cargo en esa misma sesión de la ANC, sin procedimiento alguno. Luisa Ortega Díaz había mostrado una actitud y línea pro-gubernamental ejecutora de las arbitrarias persecuciones políticas contra toda disidencia al gobierno y de impunidad frente a las violaciones a los derechos humanos por funcionarios de seguridad y militares responsables de actos de violencia, ejecuciones arbitrarias, tortu-

---

[95] *Gaceta Oficial* Extraordinario N° 6.322, del mismo día 5 de agosto de 2017.

ras y detenciones arbitrarias. Sin embargo, en el primer semestre del año 2017 comenzó a sostener una postura independiente y crítica al gobierno de Nicolás Maduro, principalmente oponiéndose a las decisiones del Tribunal Supremo de Justicia que habían vaciado de competencias a la Asamblea Nacional. Ortega y decidió además no apoyar la represión de las protestas anti-gubernamentales durante el año 2017 e iniciar investigaciones contra los violadores de derechos humanos. En esa oportunidad, asimismo, cumplió su labor como Fiscal General cuestionando e investigando, en el pleno ejercicio de sus funciones constitucionales, a varios de los funcionarios de seguridad y militares responsables de actos de violencia, ejecuciones arbitrarias, torturas y detenciones arbitrarias en la fuerte represión de manifestaciones públicas de 2017.

La ANC destituyó arbitrariamente del cargo a la Fiscal Ortega Díaz, basada supuestamente en "sus actuaciones contrarias a la Constitución de la República Bolivariana de Venezuela, realizadas con contumacia, discriminación y parcialidad, llevando los márgenes de impunidad del país a históricos nunca antes vistos y que promovieron la violencia delictiva y con fines políticos, alterando gravemente la paz y la tranquilidad de la República.". En esa misma sesión de la ANC se designó al mencionado Tarek William Saab del partido de gobierno (PSUV), como Fiscal General encargado, quien fuera ratificado posteriormente en el cargo.

El nuevo Fiscal General designado venía ejerciendo el cargo de Defensor del Puesto; y había sido ex constituyentista en 1999 y ex gobernador del estado Anzoátegui por el partido oficialista.

b) *Supresión de la Alcaldía, el Cabildo y la Contraloría del Área Metropolitana de Caracas y del Distrito del Alto Apure*

La *Constitución* de 1999 contempla la creación de los Distritos Metropolitanos como forma de organización político-administrativa, a los fines de coordinar y armonizar las políticas implementadas por los municipios asociados bajo esa figura. La competencia de asociación de municipios y creación de Distritos Metropolitanos recae sobre la Asamblea Nacional, según dispone el artículo 172 de la *Constitución*.

Ahora bien, la misma *Constitución* contempla en su artículo 18 un mandato expreso para la regulación mediante Ley Especial de un gobierno que agrupe las municipalidades que conforman la ciudad de Caracas, el Distrito Capital (Municipio Libertador) y sus aledaños en el Estado Miranda, de lo que se desprende el mandato constitucional de creación del Distrito Metropolitano de Caracas. Situación similar ocurre en la disposición transitoria tercera del mismo texto constitucional que dispone la creación de una Ley Especial para el gobierno de los municipios José Antonio Páez y Rómulo Gallegos del Estado Apure, lo que se concretó efectivamente con la creación del Distrito Metropolitano del Alto Apure.

Tanto la Ley Especial que creó el Distrito Metropolitano de Caracas como el del Alto Apure fueron aprobadas en el año 2000 En dichos textos y atendiendo al mandato constitucional se les dotó de una organización administrativa propia bajo la figura de un Alcalde Metropolitano de elección popular, presupuesto, contralor, entre otras figuras típicas de un gobierno ejecutivo; además de existir un cabildo independiente con función legislativa propia con competencia en dichos distritos. Desde el año 2000 se habían celebrado elecciones periódicas cada 4 años para elegir al Alcalde Metropolitano, convirtiéndose el Alcalde del Distrito Metropolitano de Caracas en el segundo cargo de elección popular con más votantes (dado el territorio y la cantidad poblacional que alcanzaba), luego del Presidente de la República. En el año 2008, Antonio Ledezma, un representante de la oposición política al gobierno de Nicolás Maduro ganó las elecciones y fue reelecto en 2012, quien se mantuvo en ejercicio el cargo hasta que fue detenido arbitrariamente en el año 2015 por "delitos" de naturaleza claramente políticos, pero conservó el puesto como Alcalde Metropolitano.

Para tratar de obviar esta decisión del pueblo, en el año 2009, la entonces Asamblea Nacional de mayoría absoluta del partido de Gobierno (PSUV), resolvió modificar el régimen de administración del Distrito Capital y creó un gobierno del Distrito Capital cuyo cargo de Gobernador era designado por el Presidente de la República. En esa oportunidad, el Alcalde Metropolitano, Antonio Ledezma, fue despojado de su sede, de varias de sus atribuciones y presupuesto, los cuales fueron pasados al nuevo y paralelo Distrito Capital bajo el control del gobierno del entonces presidente Chávez.

El 27 de diciembre de 2017, la ANC resolvió arbitrariamente modificar la organización político territorial del país y suprimir estos distritos[96]. Tales actuaciones se realizaron en ejercicio abusivo de las potestades constituyentes puesto que, a pesar de estarse derogando una Ley (cuestión que es competencia de la Asamblea Nacional). Se trata de una Ley emanada de un mandato constitucional y que, al aprobarse, se convierte en parte del ordenamiento jurídico constitucional, por lo que su modificación requiere precisamente de los mecanismos especiales destinados a modificar la Constitución.

---

[96] *Gaceta Oficial* N° 41.308 del 27 de diciembre de 2017.

Como vemos, la ANC continuó con la política gubernamental de erradicar estas dos instancias administrativas distritales, toda vez que las mismas habían sido asumidas por votación popular por líderes de oposición. Con estas decisiones de la ANC se termina de erradicar estas instancias organizativas.

2. *Actos de índole político*

Desde su instauración, la ANC ha realizado actos con un alto contenido político-ideológico, todos relacionados con la línea político gubernamental del Ejecutivo Nacional, en varias oportunidades ha fungido como órgano de apoyo político para el mismo Presidente, y sin lugar a dudas, su actuación ha estado dirigida a prestar apoyo irrestricto al mismo proyecto político. Hemos agrupado los actos de carácter político de la ANC en: (i) Actos de remoción, designación y ratificación; (ii) actos de respaldo; y (iii) actos de rechazo.

a) *Actos arbitrarios de remoción, designación y ratificación de autoridades y funcionarios*

La ANC ha usurpado atribuciones de la Asamblea Nacional, y en reafirmación de su inconstitucional carácter "supraconstitucional", ha removido, designado y ratificado a autoridades en los cargos de otros poderes públicos del "poder constituido"; y en otros casos, simplemente ha realizado nombramientos de carácter interno. Así, la ANC de manera arbitraria, sin seguir los trámites y procedimientos constitucionales y usurpando las competencias constitucionales de la Asamblea Nacional, mediante actos autodenominados "decretos constituyentes", ha *removido* a la Fiscal General y *nombrado* un nuevo Fiscal General (antes en el cargo de Defensor del Pueblo); ha *nombrado* un nuevo Defensor del Pueblo y un nuevo Contralor General; una Defensora Pública; y dos nuevos Presidentes del Banco Central de Venezuela. Así mismo, ha *ratificado* en sus cargos a Nicolás Maduro Moros, como Presidente Constitucional de la República Bolivariana de Venezuela, Jefe de Estado y de Gobierno, Comandante en Jefe de la Fuerza Armada Nacional Bolivariana; a las rectoras y al rector del Consejo Nacional Electoral; y a los magistrados y magistradas del Tribunal Supremo de Justicia.

De estos actos, llama especialmente la atención de la remoción arbitraria por la ANC de la Fiscal General de la República, Luisa Ortega Díaz, sin seguir los requisitos y trámites previstos en la Constitución y las leyes. Dicha fiscal había sido una acólita obediente del régimen chavista y madurista en la arbitraria persecución de la disidencia y en la impunidad de las violaciones a los derechos humanos, hasta que tardíamente en el año 2017 descubrió su independencia. Fue en ese momento, cuando el régimen decidió removerla arbitrariamente a través de la ANC. En efecto, la Constitución dispone que el o la Fiscal General como los demás integrantes del Poder Ciudadano, serán removidos o removidas por la Asamblea Nacional, previo pronunciamiento del Tribunal Supremo de Justicia, de acuerdo con lo establecido en la ley[97]. No obstante, sin ningún trámite, ni oportunidad para ejercer su defensa, la Fiscal General Ortega fue removida por la ANC y en su lugar, de manera igualmente arbitraria, fue designado por la ANC el nuevo Fiscal General, Tarek William Saab, quien había sido un diputado y gobernador del partido de gobierno (MVR, luego PSUV), sin cumplir para ello los requisitos ni los trámites constitucionales[98]. De la misma forma arbitraria e

---

[97] Artículo 279, segundo aparte, Constitución, citado *infra*.

[98] *Artículo 279.* El Consejo Moral Republicano convocará un Comité de Evaluación de Postulaciones del Poder Ciudadano, el cual estará integrado por representantes de diversos sectores de la sociedad; adelantará un proceso público de cuyo resultado se obtendrá una terna por

inconstitucional, la ANC usurpó las funciones de la Asamblea Nacional, para designar a Manuel Galindo Ballesteros, como Contralor General de la República; a Alfredo Ruiz Angulo, como Defensor del Pueblo y a Carmen Marisela Castro Gilly, como Defensora Pública.

Evidentemente que todos estos nombramientos, remociones y ratificaciones de autoridades y funcionarios, fueron llevados a cabo por razones políticas, para asegurar el control de las instituciones del Estado por parte de fieles seguidores al partido del gobierno (PSUV).

Los actos de nombramiento, remoción y ratificación de autoridades y funcionarios por parte de la ANC, durante sus dos primeros años de funcionamiento son los siguientes:

-Destituciones, nombramientos y ratificaciones de autoridades constitucionales y altos funcionarios

1. Remoción de Luisa Ortega Díaz, como *Fiscal General de la República.* [99]

---

cada órgano del Poder Ciudadano, la cual será sometida a la consideración de la Asamblea Nacional. Esta, mediante el voto favorable de las dos terceras partes de sus integrantes, escogerá en un lapso no mayor de treinta días continuos, al o a la titular del órgano del Poder Ciudadano que esté en consideración. Si concluido este lapso no hay acuerdo en la Asamblea Nacional, el Poder Electoral someterá la terna a consulta popular.

En caso de no haber sido convocado el Comité de Evaluación de Postulaciones del Poder Ciudadano, la Asamblea Nacional procederá, dentro del plazo que determine la ley, a la designación del titular o la titular del órgano del Poder Ciudadano correspondiente.

Los o las integrantes del Poder Ciudadano serán removidos o removidas por la Asamblea Nacional, previo pronunciamiento del Tribunal Supremo de Justicia, de acuerdo con lo establecido en la ley.

[99] *Gaceta Oficial Extraordinario* N° 6.322 del 5 de agosto de 2017.

2. Designación (provisional) de Tarek Willians Saab, como *Fiscal General de la República.* [100]

3. Ratificación en el ejercicio de sus funciones constitucionales a Tarek William Saab, como *Fiscal General de la República* y Presidente del Consejo Moral Republicano; Manuel Galindo Ballesteros, como *Contralor General de la República* y Alfredo Ruiz Angulo, como *Defensor del Pueblo.* [101]

4. Ratificación de Nicolás Maduro Moros, como *Presidente Constitucional de la República Bolivariana de Venezuela, Jefe de Estado y de Gobierno, Comandante en Jefe de la Fuerza Armada Nacional Bolivariana.* [102]

5. Ratificación de Tibisay Lucena Ramírez, Sandra Oblitas Ruzza, Socorro Elizabeth Hernández y Tania D´Amelio Cardiet, como *Rectoras del Consejo Nacional Electoral* [103]; y posterior ratificación del ciudadano Luis Emilio Rondón como *Rector Principal del Consejo Nacional Electoral.* [104]

6. Ratificación en el ejercicio de sus funciones constitucionales a los *Magistrados y Magistradas Principales del Tribunal Supremo de Justicia.*

---

[100] *Gaceta Oficial Extraordinario* N° 6.322 del 5 de agosto de 2017.

[101] *Gaceta Oficial* N° 41.216 del 17 de agosto de 2017.

[102] *Gaceta Oficial Extraordinario* N° 6.325 del 10 de agosto de 2017.

[103] *Gaceta Oficial Extraordinario* N° 6.326 del 11 de agosto de 2017.

[104] *Gaceta Oficial* N° 41.214 del 15 de agosto de 2017.

7. Ratificación en el ejercicio de sus funciones Constitucionales a los *Magistrados y Magistradas Principales del Tribunal Supremo de Justicia.*[105]

8. Designación de Elvis Eduardo Hidrobo Amoroso, como *Contralor General de la República*; y aprobación de la solicitud de jubilación de Manuel Galindo Ballesteros.[106]

9. Designación de Beysce Pilar Loreto Duben, como *Vice Fiscal General de la República Bolivariana de Venezuela*, en calidad de Encargada.[107]

10. Designación de Carmen Marisela Castro Gilly, como *Defensora Pública General* de la República Bolivariana de Venezuela.[108]

11. Autorización de la designación de Ramón Augusto Lobo, como *Presidente del Banco Central de Venezuela.*[109]

12. Autorización de la designación de Calixto José Ortega, como *Presidente del Banco Central de Venezuela.*[110]

13. Creación del Comité de Evaluación y Méritos para designar las vacantes del Directorio del Banco Central de Venezuela.[111]

---

[105] *Gaceta Oficial* N° 41.355 del 7 de marzo de 2018.

[106] *Ibídem.*

[107] *Ibídem.*

[108] *Gaceta Oficial* N° 41.559 del 8 de enero de 2019.

[109] *Gaceta Oficial* N° 41.265 del 26 de octubre de 2017.

[110] *Gaceta Oficial* N° 41.422 del 19 de junio de 2018.

[111] *Gaceta Oficial* N° 41.427 del 26 de junio de 2018.

14. Designación de Emma Graciela Díaz, Roselbit Mujica, Manuel Alejandro Vivas, Yrenia Rivera, Darwin Ramírez, José Ismael Parra, Reina Farías, Luis Eduardo Tolosa, Lucindo Mosquera como integrantes de la Junta de Liquidación del Distrito del Alto Apure. Designación de Juan Carlos Alemán, Roselbit Mujica, Manuel Alejandro Vivas, Deyanira Briceño, Leyduin Morales, Alexander Nebreda, Aníbal Lizardo, José Rafael Núñez y Caryslia Rodríguez como integrantes de la *Junta de Liquidación del Nivel Metropolitano de Caracas.*[112]

-Otras designaciones administrativas internas de la ANC:

-*Junta Directiva de la ANC*

15. Designación de los integrantes de la Junta Directiva de la ANC.[113]

16. Elección de Aristóbulo Isturiz y a Elvis Amoroso, como integrantes de la Junta Directiva de la ANC. [114]

17. Designación de Tania Valentina Díaz, como Primera Vicepresidenta de la Junta Directiva de la Asamblea Nacional Constituyente.[115]

18. Designación de Diosdado Cabello Rondón, como Presidente de la Asamblea Nacional Constituyente.[116]

---

[112] *Gaceta Oficial* N° 41.315 del 8 de enero de 2018.

[113] *Gaceta Oficial Extraordinario* N° 6.320 del 4 de agosto de 2017.

[114] *Gaceta Oficial* N° 41.265 del 26 de octubre de 2017.

[115] *Gaceta Oficial* N° 41.316 del 9 de enero de 2018.

[116] *Gaceta Oficial* N° 41.422 del 19 de junio de 2018.

19. Designación de Gladys del Valle Requena, como Segunda Vicepresidenta integrante de la Junta Directiva de la Asamblea Nacional Constituyente, y de Gladys del Valle Requena, como Segunda Vicepresidenta.[117]

-Comisión para la Verdad, la Justicia, la Paz y la Tranquilidad Pública

20. Designación de Delcy Rodríguez, Carmen Teresa Melendez, José Vicente Rangel, Luis Rafael Durán, Ailin Maite García, Soraya Beatriz El Achkar, María Eugenia Russian, José Numa Molina, Tarek William Saab, Alfredo Ruiz Angulo y tres diputados de la Asamblea Nacional, como integrantes de la de la *Comisión para la Verdad, la Justicia, la Paz y la Tranquilidad Pública.*[118]

21. Designación de Tarek William Saab, como Presidente de la Comisión para la Verdad, la Justicia, la Paz y la Tranquilidad Pública.[119]

-Otros nombramientos internos

22. Designación de Manuel Antonio Jiménez, como Director de Gestión Administrativa, en calidad de Encargado, de la Asamblea Nacional Constituyente.[120]

23. Designación de Manuel Antonio Jiménez, como responsable de los fondos en anticipo y avance de la ANC, que serán girados a la Unidad Administradora a su cargo, para el Ejercicio Fiscal 2017.[121]

---

[117] *Gaceta Oficial* N° 41.508 del 23 de octubre de 2018.

[118] *Ibídem.*

[119] *Gaceta Oficial* N° 41.423 del 20 de junio de 2018.

[120] *Gaceta Oficial* N° 41.298 del 12 de diciembre de 2017.

[121] *Gaceta Oficial* N° 41.299 del 13 de diciembre de 2017.

24. Designación de Manuel Antonio Jiménez, como responsable de los fondos de anticipo y avance durante el ejercicio fiscal 2018.[122]

25. Designación de Manuel Antonio Jiménez Herrera, como Director de Gestión Administrativa, en calidad de Titular, y como Cuentadante de la ANC.[123]

26. Designación de Rosangel del Valle Gómez Ainaga, en su carácter de Directora Adjunta de Gestión Administrativa, como Encargada de la Dirección de Gestión Administrativa de la Asamblea Nacional Constituyente.[124]

27. Designación de Rosángel del Valle Gómez Ainaga, en calidad de Directora Adjunta de Gestión Administrativa, como Encargada de la Dirección de Gestión Administrativa, de la ANC.[125]

28. Designación de Luis Manuel Camargo Salazar, como Director General del Despacho de la Presidencia de la Asamblea Nacional Constituyente[126]

b) *Actos políticos de respaldo*

Estos actos expresados a través de la denominación "Acuerdos Constituyentes", en su mayoría, se trata de expresiones de respaldo a figuras políticas, todas relacionadas o vinculadas con el partido de Gobierno, algunas de las cuales detentan cargos en el Poder Público. Asimismo, existen actos

---

[122] *Gaceta Oficial* N° 41.308 del 27 de diciembre de 2017.

[123] *Gaceta Oficial* N° 41.366 del 22 de marzo de 2018.

[124] *Gaceta Oficial* N° 41.372 del 6 de abril de 2018.

[125] *Gaceta Oficial* N° 41.419 del 14 de junio de 2018.

[126] *Gaceta Oficial* N° 41.636 del 20 de mayo de 2019.

de respaldo a figuras o políticas públicas del Ejecutivo, tales como la creación de la Criptomoneda "Petro" o el apoyo al Parto Humanizado.

Debemos llamar la atención sobre aquellos *actos de respaldo* a las actuaciones de competencia financiera realizadas por el Ejecutivo, tales como el intento de refinanciamiento de la deuda durante noviembre de 2017 y el lanzamiento de la Criptomoneda oficial; pues se trata de actuaciones de índole financiero, cuya atribución y competencia de aprobación corresponde en todo caso, única e irrestrictamente a la Asamblea Nacional, en su función de control político de los actos presupuestarios y de finanzas públicas. Pareciera que tanto, esos como los acuerdos meramente políticos, son un intento de emular la figura del *"acuerdo parlamentario"* como acto típico emanado de la Asamblea Nacional. En su lugar, la ANC autodenominó a estos actos como "decretos constituyentes" o "acuerdos constituyentes".

Estos Acuerdos de la ANC son los siguientes:

1. Acuerdo Constituyente para expresar su pesar ante el sensible fallecimiento de la constituyente Dionicia de Jesús Mijoba Juárez, del Sector Pensionados por la Región Andina.[127]

2. Decreto Constituyente mediante el cual se declara instalada la Constituyente Cultural en todo el territorio nacional, para consolidar la identidad cultural venezolana y forjar las nuevas espiritualidades, valores y principios de nuestra sociedad, necesarios para asegurar la paz, reivindicar el carácter pluricultural de la Patria, reconocer nuestra diversidad étnica y

---

[127] *Gaceta Oficial* N° 41.234 del 12 de septiembre de 2017.

cultural, proteger los derechos humanos, conservar la vida en el planeta, garantizar la tranquilidad pública, preservar la soberanía y fortalecer la defensa integral de Nación.[128]

3. Acuerdo mediante el cual se respalda y acompaña el proceso de refinanciamiento de la deuda venezolana, emprendido por el Presidente de la República Bolivariana de Venezuela, Nicolás Maduro Moros, bajo los principios de soberanía e independencia, a los fines de fortalecer el desarrollo económico y social de la Nación, así como la paz y tranquilidad pública. Acuerdo mediante el cual se rechaza de manera categórica las nuevas sanciones injerencistas, coercitivas y unilaterales adoptadas por la Unión Europea en contra de la República Bolivariana de Venezuela, con la finalidad de intervenir sobre asuntos internos que son de la competencia exclusiva del Pueblo e instituciones del Estado venezolano, en abierta contravención a los valores y principios fundamentales del Derecho Internacional, entre ellos, la igualdad soberana de los Estados.[129]

4. Acuerdo Constituyente de los Legítimos y Soberanos Derechos de la República Bolivariana de Venezuela sobre el Territorio Esequibo.[130]

5. Acuerdo Constituyente en respaldo al lanzamiento de la Criptomoneda oficial: el Petro.[131]

6. Acuerdo Constituyente sobre el reconocimiento al Maestro José Antonio Abreu, fundador del Sistema Nacional de Orquestas y Coros Juveniles e Infantiles de Venezuela.[132]

---

[128] *Gaceta Oficial* N° 41.246 del 14 de septiembre de 2017.

[129] *Gaceta Oficial* N° 41.284 del 22 de noviembre de 2017.

[130] *Gaceta Oficial*. N° 41.338 del 8 de febrero de 2018.

[131] *Gaceta Oficial* N° 41.354 del 6 de marzo de 2018.

7. Decreto Constituyente para la Promoción y Protección del Parto y el Nacimiento Humanizado.[133]

8. Acuerdo Constituyente en solidaridad y apoyo al Pueblo de Brasil y al ex Presidente Luiz Inácio Lula Da Silva.[134]

9. Decreto Constituyente mediante el cual se celebra la voluntad democrática del Pueblo venezolano expresada el 20 de mayo de 2018, de elegir mediante votación universal, directa y secreta al Presidente de la República Bolivariana de Venezuela, Nicolás Maduro Moros, para el ejercicio del cargo durante el período constitucional 2019-2025, tal y como fue proclamado por el Consejo Nacional Electoral el 22 de mayo de 2018.[135]

10. Acuerdo Constituyente en Conmemoración del Bicentenario de la creación del Semanario "Correo del Orinoco".[136] Acuerdo Constituyente en Conmemoración del Bicentenario de la creación del "Correo del Orinoco" (Se reimprime por fallas en los originales).[137]

11. Acuerdo en ocasión del secuestro judicial al ex Presidente de la República Federativa de Brasil, Luiz Inácio Lula Da Silva.[138]

12. Decreto Constituyente mediante el cual se respalda el inicio del nuevo "Cono Monetario" a partir del día lunes 20 de

---

[132] *Gaceta Oficial Extraordinario* N° 6.370 de 9 de abril 2018.

[133] *Gaceta Oficial* N° 41.376 del 12 de abril 2018.

[134] *Gaceta Oficial.* N° 41.376 del 12 de abril 2018.

[135] *Gaceta Oficial* N° 41.405 del 25 de mayo de 2018.

[136] *Gaceta Oficial* N° 41.427 del 26 de junio de 2018.

[137] *Gaceta Oficial* N° 41.428 del 27 de junio 2018.

[138] *Gaceta Oficial* N° 41.437 del 11 de julio de 2018

agosto de 2018 y la supresión de cinco ceros en las denominaciones del Cono Monetario actual, a objeto de brindar mayor fortaleza y estabilidad del Bolívar Soberano, cuyo valor referencial estará anclado al valor del Petro, el cual estará asociado al precio del barril de petróleo venezolano.[139]

13. Acuerdo Constituyente en conmemoración del Primer Aniversario de haberse instalado nuestra soberana y plenipotenciaria Asamblea Nacional Constituyente.[140]

14. Acuerdo Constituyente mediante el cual se declara a Evo Morales Ayma, Presidente del Estado Plurinacional de Bolivia, Hijo Ilustre de la República Bolivariana de Venezuela al hermano de luchas Bolivarianas y Latinoamericanas.[141]

15. Acuerdo Constituyente en memoria de nuestros Jóvenes Combatientes, Chavistas y Antiimperialistas, ejemplo de Lucha Revolucionaria, Robert Serra y María Herrera.[142]

16. Acuerdo Constituyente de respaldo al mensaje del Presidente de la República, Nicolás Maduro Moros, en la Asamblea General de Naciones Unidas, por llevar la posición irme, digna, democrática y de paz de la República Bolivariana de Venezuela al Mundo.[143]

17. Acuerdo Constituyente en reconocimiento a la trayectoria personal, política, social, moral y espiritual de Haydeé Josefina Machín Ferrer.[144]

---

[139] *Gaceta Oficial* N° 41.452 del 2 de agosto de 2018.

[140] *Gaceta Oficial* N° 41.454 del 6 de agosto de 2018.

[141] *Gaceta Oficial* N° 41.495 del 3 de octubre de 2018.

[142] *Ibídem.*

[143] *Ibídem.*

[144] *Gaceta Oficial* N° 41.508 del 23 de octubre de 2018.

18. Acuerdo Constituyente en honor al joven Bolivariano y Revolucionario Xoan Noya, ejemplo de integridad, disciplina, capacidad y firmeza socialista entregada en amor a su patria Venezuela.[145]

19. Acuerdo Constituyente en honor a Alí Rafael Primera Rossell, en ocasión de los 77 años del nacimiento del Cantor del Pueblo Venezolano.[146]

20. Acuerdo Constituyente en honor al compatriota revolucionario Alí Rodríguez Araque, hombre leal, guerrero de mil batallas y ejemplo de lucha incansable para las presentes y futuras generaciones en pro de la causa libertaria del pueblo venezolano y el compromiso indeclinable por construir un mundo mejor.[147]

21. Acuerdo Constituyente de Felicitación al Pueblo Venezolano y a las Instituciones de la República Bolivariana de Venezuela, por la Jornada Electoral Democrática, Pacífica, Libre, Soberana e Independiente del 9 de diciembre de 2018.[148]

22. Acuerdo Constituyente de Felicitación al Pueblo Venezolano y a las Instituciones de la República Bolivariana de Venezuela, por la Jornada Electoral Democrática, Pacífica, Libre, Soberana e Independiente del 9 de diciembre de 2018.[149]

---

[145] *Ibídem.*

[146] *Gaceta Oficial* N° 41.518 del 6 de noviembre de 2018.

[147] *Gaceta Oficial* N° 41.528 del 20 de noviembre de 2018.

[148] *Gaceta Oficial* N° 41.542 del 10 de diciembre de 2018.

[149] *Gaceta Oficial* N° 41.549 del 19 de diciembre de 2018.

23. Acuerdo Constituyente para expresar nuestro pesar por el sensible fallecimiento del constituyente Eduardo Rodríguez, por el Municipio Silva del estado Falcón.[150]

24. Decreto Constituyente de ratificación, reafirmación y reconocimiento al ciudadano Nicolás Maduro Moros, como Presidente Constitucional de la República Bolivariana de Venezuela, Jefe de Estado, de Gobierno y Comandante en Jefe de la Fuerza Armada Nacional Bolivariana para el Período Constitucional 2019-2025.[151]

25. Acuerdo Constituyente en Conmemoración de la Gesta Histórica de la Juventud Militar Bolivariana del 4 de febrero de 1992. Acuerdo Constituyente de Reconocimiento ante la democrática, soberana, e independiente acción de defensa realizada por la diplomacia Bolivariana de Paz, de nuestra sagrada integridad nacional para derrotar el golpe de Estado en contra del Gobierno y las instituciones constitucionales de la República Bolivariana de Venezuela.[152]

26. Acuerdo Constituyente de reconocimiento y felicitación al pueblo venezolano, a la Fuerza Armada Nacional Bolivariana, a los trabajadores y trabajadoras y al Gobierno Bolivariano del Presidente Constitucional de la República Bolivariana de Venezuela, Nicolás Maduro Moros, por la victoria popular ante el golpe eléctrico a través de un *ciber ataque* terrorista al Sistema Eléctrico Nacional ejecutado por el imperio estadounidense y sus lacayos del *oposicionismo venezolano* el pasado 7 de marzo de 2019.[153]

---

[150] *Ibídem.*

[151] *Gaceta Oficial* N° 41.563 del 14 de enero de 2019.

[152] *Gaceta Oficial* N° 41.580 del 6 de febrero de 2019.

[153] *Gaceta Oficial* N° 41.601 del 19 de marzo de 2019.

27. Decreto Constituyente mediante el cual se decide celebrar el 27 de abril como Día de Júbilo Nacional y de la Patria Bolivariana ante nuestra decisión soberana de retirarnos de la Organización de Estados Americanos[154].

28. Acuerdo Constituyente de celebración por el primer aniversario de la Victoria Heroica del Pueblo Venezolano y de la Revolución Bolivariana en las Elecciones Presidenciales del 20 de mayo de 2018. Nicolás Maduro es Pueblo Insurgente Libre y Soberano Gobernando la Patria[155].

29. Acuerdo Constituyente en el Marco del Día Nacional de las Adultas y los Adultos Mayores[156].

30. Acuerdo Constituyente en Conmemoración de los 208° Años de la Declaración de la Independencia de Venezuela y Día de Nuestra Gloriosa Fuerza Armada Nacional Bolivariana[157].

31. Acuerdo Constituyente en ocasión del Segundo Aniversario de la Victoria Democrática y Electoral del Pueblo Venezolano en la Elección de la Asamblea Nacional Constituyente[158].

c) *Actos políticos de rechazo*

Estos actos tienen características similares a los anteriores autodenominados "decretos y acuerdos constituyentes", con características de respaldo a hechos o funcionarios, tanto a

---

[154] *Gaceta Oficial* N° 41.627 del 7 de mayo de 2019.

[155] *Gaceta Oficial* N° 41.636 del 20 de mayo de 2019.

[156] *Gaceta Oficial* N° 41.667 del 3 de julio de 2019.

[157] *Gaceta Oficial* N° 41.670 del 9 de julio de 2019.

[158] *Gaceta Oficial* N° 41.683 del 30 de julio de 2019.

nivel interno como internacional. Entre estos resaltas actos de rechazo a actuaciones nacionales e internacionales en contra de las políticas del Gobierno de Nicolás Maduro, donde podemos encontrar el repudio a varias de las sanciones individuales impuestas por la comunidad internacional contra personeros que detentan cargos del poder público o están relacionadas con ellos.

Estos actos son los siguientes:

1. Resolución mediante la cual se rechaza las declaraciones de los cancilleres de Argentina, Brasil, Paraguay y Uruguay en cuanto los derechos y obligaciones de Venezuela como Estado Parte del MERCOSUR.[159]

2. Acuerdo constituyente mediante el cual se rechaza los actos ilegítimos y violentos contra el pueblo venezolano y sus instituciones, dirigidos por centros imperiales destinados a vulnerar nuestra soberanía y menoscabar las conquistas sociales alcanzadas para beneficio de las mayorías nacionales, con el fin de intervenir nuestra patria.[160]

3. Acuerdo constituyente mediante el cual se rechaza la vil campaña contra el ciudadano Nicolás Maduro Moros, Presidente Constitucional de la República Bolivariana de Venezuela, Jefe de Estado y de Gobierno, Comandante en Jefe de la Fuerza Armada Nacional Bolivariana y como dirigente político, y nos solidarizamos con el pueblo de Venezuela, su familia, sus amigos y sus millones de compañeros y compañeras de Militancia Revolucionaria en Venezuela y el Mundo.[161]

---

[159] *Gaceta Oficial Extraordinario* N° 6.322 del 5 de agosto de 2017.

[160] *Gaceta Oficial Extraordinario* N° 6323 del 8 de agosto de 2017.

[161] *Gaceta Oficial Extraordinario* N° 6323 del 8 de agosto de 2017.

4. Decreto Constituyente contra el bloqueo financiero del Gobierno de Estados Unidos de América contra Venezuela.[162]

5. Decreto Constituyente de rechazo a las nuevas sanciones injerencistas, unilaterales e ilícitas adoptadas por los gobiernos de Canadá y Estados Unidos de América en contra de la República Bolivariana de Venezuela.[163]

6. Acuerdo Constituyente de Rechazo al Criminal Bloqueo Económico del Gobierno de los Estados Unidos de América Contra la República de Cuba.[164]

7. Acuerdo Constituyente en rechazo a la violencia de la derecha fascista y los poderes imperiales y repudio ante el vil asesinato del constituyente Tomás Lucena.[165]

8. Acuerdo Constituyente para repudiar la extensión de la Orden Ejecutiva del Gobierno de los Estados Unidos de Norteamérica que califica a Venezuela como una "Amenaza Inusual y Extraordinaria".[166]

9. Acuerdo Constituyente para repudiar las sanciones de los Estados Unidos de América contra la Criptomoneda el Petro.[167]

10. Acuerdo Constituyente en rechazo a las Injerencistas, Coercitivas y Unilaterales Sanciones Impuestas por la Unión Europea a Funcionarios del Gobierno Democrático y

---

[162] *Gaceta Oficial*. N° 41.224 del 29 de agosto de 2017.

[163] *Gaceta Oficial* N° 41.246 del 28 de septiembre de 2017.

[164] *Gaceta Oficial* N° 41.270 del 2 de noviembre de 2017.

[165] *Gaceta Oficial* N° 41.318 del 11 de enero de 2018.

[166] *Gaceta Oficial* N° 41.355 del 7 de marzo de 2018.

[167] *Gaceta Oficial* N° 41.375 del 11 de abril 2018.

Constitucionalmente Electo de la República Bolivariana de Venezuela.[168]

11. Acuerdo Constituyente de rechazo a las recientes agresiones del Gobierno de los Estados Unidos de América contra el Pueblo y las Instituciones Democráticas de la República Bolivariana de Venezuela.[169]

12. Acuerdo Constituyente de repudio a las declaraciones de Luis Almagro, Secretario General de la OEA, por constituirse en amenaza contra la Paz y la Estabilidad de la República Bolivariana de Venezuela, de América Latina y del Caribe.[170]

13. Acuerdo Constituyente en rechazo al Informe Final del Ex Alto Comisionado de Derechos Humanos, Zeid Ra´Ad Al Hussein, presentado ante el Consejo de Derechos Humanos de las Naciones Unidas.[171]

14. Acuerdo Constituyente de rechazo al Criminal Bloqueo Económico, Comercial y Financiero del Gobierno de los Estados Unidos de América a la República de Cuba.[172]

15. Acuerdo Constituyente en rechazo a las Acciones Injerencistas del Parlamento Europeo en Contra de la Paz, la Democracia, Nuestro Pueblo y las Instituciones de la República Bolivariana de Venezuela.[173]

---

[168] *Gaceta Oficial* N° 41.427 del 26 de junio de 2018.

[169] *Gaceta Oficial* N° 41.485 del 19 de septiembre de 2018.

[170] *Ibídem.*

[171] *Gaceta Oficial* N° 41.495 del 3 de octubre de 2018.

[172] *Gaceta Oficial* N° 41.514 del 31 de octubre de 2018.

[173] *Ibídem.*

16. Acuerdo Constituyente en rechazo a los nuevos ataques y bloqueos del gobierno de los Estados Unidos de América y de la prórroga de las mismas por parte de algunos gobiernos que integran la Unión Europea, contra el Pueblo Venezolano.[174]

17. Acuerdo Constituyente en Rechazo a las Acciones Injerencistas del Parlamento Europeo en Contra de la Paz, la Democracia, Nuestro Pueblo y las Instituciones de la República Bolivariana de Venezuela.[175]

18. Acuerdo Constituyente de Rechazo a los Nuevos Planes Intervencionistas del Gobierno de los Estados Unidos de América en contra del Pueblo y el Sistema Democrático de la República Bolivariana de Venezuela.[176]

19. Decreto Constituyente en rechazo al injerencista, inmoral e ilegal llamado a alterar el orden constitucional de la República Bolivariana de Venezuela por parte de un grupo de gobiernos que integran el autodenominado Grupo de Lima y gobiernos que lo conforman.[177]

20. Decreto Constituyente en rechazo al injerencista, inmoral e ilegal llamado a alterar el orden constitucional de la República Bolivariana de Venezuela por parte de un grupo de gobiernos que integran el autodenominado Grupo de Lima y gobiernos que lo conforman (se reimprime por error material).[178]

---

[174] *Gaceta Oficial* N° 41.518 del 6 de noviembre de 2018.

[175] *Gaceta Oficial* N° 41.529 del 21 de noviembre de 2018.

[176] *Gaceta Oficial* N° 41.549 del 19 de diciembre de 2018.

[177] *Gaceta Oficial* N° 41.559 del 8 de enero de 2019.

[178] *Gaceta Oficial* N° 41.560 del 9 de enero de 2019.

21. Acuerdo Constituyente de repudio a la nueva Orden Ejecutiva del Gobierno de Donald Trump en contra de los Derechos Fundamentales y la Paz del Valiente Pueblo Democrático de la República Bolivariana de Venezuela[179].

---

[179] *Gaceta Oficial* N° 41.692 del 12 agosto de 2019.

CONCLUSIONES

A dos años de instalada la ANC de 2017, no queda la menor duda de que su propósito nada tenía que ver con la elaboración de una nueva Constitución y mucho menos transformar el Estado con un giro radical del ordenamiento jurídico. Si de un cambio constitucional se tratara, ya se habrían conocido las propuestas, papeles de trabajo, borradores de artículos de la *Constitución*. Pero nada de eso ha sucedido, ni ha habido propuestas conocidas ni por tanto ha existido ningún debate de esta naturaleza. Además, como muestra nuestra historia, el trabajo de redacción por una ANC de una propuesta de cambio constitucional no tendría por qué durar más de unos meses o a lo sumo un año.

Este trabajo nos demuestra la verdadera razón de la ANC convocada en el 2017, a espaldas de la voluntad popular. Y es que su actuación ha estado dirigida a tomar el control total del Estado, de todas las instituciones y poderes públicos no sometidos al Gobierno -y luego régimen- de Nicolás Maduro. Así, la tarea de la ANC comenzó por desconocer la *Constitución*, pretendiendo colocarse por encima de ella, como un poder absoluto e ilimitado que todo lo puede y que no está sujeto a ningún control. De esta forma, la ANC se ha dedicado a usurpar las competencias constitucionales de la Asamblea Nacional legítimamente electa por el pueblo venezolano, con una integración de las 2/3 partes de diputados de oposición, lo que hasta el momento venía haciendo el TSJ también de manera inconstitucional.

Con ello, la ANC le ha permitido al Poder Ejecutivo gobernar sin limitaciones ni controles legales ni constitucionales, pues con la ANC las normas se crean, modifican o extinguen a la sola voluntad de sus representantes. Pero no sólo la ANC ha usurpado la facultad legislativa de la Asamblea Nacional, sino también sus facultades de investigación y control al Gobierno y a la administración pública. También la ANC ha usurpado las facultades de la Asamblea Nacional de nombramiento y destitución de altos funcionarios del Estado, conforme a los procedimientos de la *Constitución*. Y como si fuera poco, la ANC ha perseguido a los diputados de la Asamblea Nacional, allanándoles inconstitucionalmente su inmunidad parlamentaria, para que sean perseguidos y detenidos arbitrariamente.

Luego de dos años del triunfo electoral parlamentario de la oposición en diciembre de 2015, para el Gobierno había comenzado a ser desgastante e impresentable sostener que en Venezuela existía una democracia, cuando el TSJ era el que había pasado a sustituir al órgano más legítimo del sistema republicano, esto es, el parlamento, usurpando y anulando sus facultades constitucionales de legislación y control. Además, ya el Presidente había concentrado todo el poder legislativo, extendiendo en forma ilegítima e infinita, decretos de estado de excepción que le han permitido asumir todo el poder normativo del Estado y exceptuarse de interpelaciones y controles parlamentarios. De allí, que pretendió vender la necesidad de un supuesto cambio constitucional para imponer una ANC con poderes absolutos, magnánimos, supraconstitucionales e ilimitados, lo que le ha permitido ejercer el poder fuera del Estado de Derecho y la *Constitución*, a través de un órgano que sencillamente es incompatible con un sistema de gobierno democrático. Hoy en día no se aceptan en Derecho Constitucional comparado órganos con poderes absolutos y sin control, pues la historia de la humanidad nos ha enseñado que se requiere de un sistema de chequeo y balance entre diversos órganos del Estado, para evitar los abusos y excesos de poder.

Desde la primera actuación de la ANC quedó claro su real objetivo. En efecto, a pocas horas de instalada decidió destituir arbitrariamente, en contra de lo dispuesto en la *Constitución*, a la entonces Fiscal General de la República, quien tardíamente había descubierto su independencia y comenzado a desobedecer las órdenes del Gobierno para reprimir a la disidencia y garantizar la impunidad de los funcionarios civiles y militares violadores de los derechos humanos. Inmediatamente la ANC sustituyó a esta funcionaria, sin ningún tipo de consulta y al margen y en violación del proceso constitucional, por un ferviente y comprometido actor político del Gobierno. No hubo concursos, participación ciudadana, audiencias públicas y mucho menos análisis de méritos o credenciales académicas y morales. Con ello, se retomó el control de la acción penal, la cual ha sido una herramienta muy poderosa de persecución política de la disidencia y la impunidad de los funcionarios. Lo mismo hizo la ANC al nombrar al nuevo Defensor del Pueblo (cargo dejado por el nuevo Fiscal) y al Contralor General de la República, lo que según la *Constitución* vigente correspondía, exclusivamente, a la Asamblea Nacional.

Seguidamente su actuación se enfocó en sustituir al parlamento, pero sin legitimidad popular y sin poder ser sometidas sus actuaciones a control judicial. Es decir, la ANC se ha convertido en el parlamento personal del Presidente de la República, pero con poderes absolutos, al estar exentos de todo control. Así, ha dictado diversas leyes y ha sustituido a la Asamblea Nacional en su rol de órgano de control del Poder Ejecutivo. Actualmente, es la ANC la que aprueba los presupuestos, las salidas del Presidente de la República y es donde supuestamente se rinde la memoria y cuenta de su actuación.

También hemos visto como el Gobierno ha utilizado la ANC para perseguir a sus adversarios, eliminando las restricciones constitucionales vigentes. Así, ha desconocido los requisitos y procedimiento para levantar la inmunidad parlamentaria de los diputados de la Asamblea Nacional. Con ello, se ha privado de libertad a varios diputados, al mismo tiempo que han tenido que irse al exilio otra buena parte de los integrantes del parlamento. Esto pone en evidencia como no existe *Constitución*, ni democracia, ni Estado de Derecho ni derechos humanos en Venezuela, pues todo lo concentra y decide el Gobierno, a través de su ANC, sin límites materiales.

La ANC tampoco tiene límites de tiempo. Como lo habían anunciado, y sin justificación alguna, la propia directiva de la ANC ha decidido extender sus funciones hasta diciembre de 2020, con la clara intención de seguir manteniendo este órgano todopoderoso, al menos hasta las próximas elecciones parlamentarias. En efecto, sin ningún tipo de rendición de cuentas y sin cronograma de trabajo, se decide mantener este ilegítimo órgano, al menos por tres años y medio, para de esta forma evitar cualquier tipo de controles especialmente por la Asamblea Nacional.

Como vemos, Nicolás Maduro no tiene la menor intención de gobernar en democracia, ni en Estado de Derecho ni con *Constitución*. Desgraciadamente, bajo la ANC la *Constitución* es lo que decide la ANC.

En definitiva, la única conclusión obligada es que es imposible tener un sistema democrático mientras se mantenga esta ilegítima ANC, destinada a garantizar la concentración absoluta del poder y garantizar el control de manera ilimitada de todos los poderes del Estado no alineados con el oficialismo.

Esto es algo que el mundo entero debe conocer, a los fines de que pueda repetirse esta nefasta experiencia donde un órgano constituyente asume poderes ilimitados y no controlados por el período de tiempo que ella misma defina. Es la perfecta forma de destruir el Estado de Derecho y el sistema republicano.

Con esta ANC Nicolás Maduro se ha burlado del pueblo venezolano para tratar de justificar internacionalmente el control absoluto de los poderes del Estado, frente a un país y una comunidad internacional que clama por cambios democráticos y constitucionales, frente a un pueblo que sufre la destrucción de la economía nacional y que se debate entre quedarse sufriendo extremamente o migrar forzadamente al exterior. Pero ya a estas alturas la comunidad internacional conoce el fraude de su convocatoria, la clara irregularidad del proceso de elección de sus integrantes y la verdadera razón de su existencia.

Por todo ello, ya no es posible sostener que en Venezuela existe una *Constitución* respetada, ni Estado de Derecho ni democracia ni respeto a los derechos humanos. Y que la reconstrucción de estas instituciones requiere del respeto a la *Constitución*, la construcción y reinstitucionalización de las instituciones del Estado de Derecho, el respeto a las mayorías y a las minorías en una democracia constitucional y, el respeto, la garantía y la protección efectiva de los derechos humanos. Y para ello, es necesario desmantelar la ANC actual, ya que es un monstruo Leviatán que se come a todo lo que parezca o amenaza ser pluralismo, democracia, *Constitución*, Estado de Derecho o derechos humanos.

ANEXO 1

PRONUNCIAMIENTOS INTERNACIONALES SOBRE LA ANC

I. PAÍSES QUE MANIFESTARON SU RECHAZO A LA CONFORMACIÓN DE LA ASAMBLEA NACIONAL CONSTITUYENTE DE VENEZUELA:

1. *Brasil*

El gobierno de Brasil emitió un comunicado en el que rechaza la ANC, y donde además exhortó al gobierno venezolano a suspender la instalación de la ANC, retomar el diálogo y emprender el camino de la transición política. Un extracto del comunicado reza de la siguiente manera:

La iniciativa del Gobierno Nicolás Maduro viola el derecho al sufragio universal, viola el principio de la soberanía popular y confirma la ruptura del orden constitucional en Venezuela.[1]

---

[1] Rechazo del gobierno de Brasil a la ANC: Ministerio de Relaciones Exteriores de Brasil -Comunicado (30 de julio 2017) *"Convocatoria de asamblea constituyente en Venezuela"* Disponible: http://www.itamaraty.gov.br/es/notas-a-la-prensa/16985-convocatoria-de-asamblea-constituyente-en-venezuela

2. *Chile*

El gobierno de Chile emitió un comunicado en donde manifestó su "profunda decepción" por la "decisión ilegítima" de llevar a cabo la Constituyente en Venezuela "sin las más mínimas garantías para una votación universal y democrática, ni cumplir con los requisitos establecidos en la propia Constitución de ese país".[2]

3. *Colombia*

El gobierno de Colombia en voz del presidente Juan Manuel Santos anunció desde la Universidad Autónoma del Caribe, en Barranquilla, que no reconocería los resultados del proceso electoral para elegir los miembros de la ANC por tener un origen "espurio". Un extracto de su alocución reza de la siguiente manera:

No estuve de acuerdo con esa Constituyente como no estuvo de acuerdo la comunidad internacional, con la convocatoria a esa Asamblea Constituyente el próximo domingo. Esa Constituyente tiene un origen espurio y por consiguiente sus resultados tampoco podremos reconocerlos.[3]

---

[2]   Rechazo del gobierno de Chile a la ANC: Ministerio de relaciones exteriores de Chile- Comunicado (30 de julio de 2017) *"Comunicado sobre situación de Venezuela"*. Disponible en: https://minrel.gob.cl/comunicado-sobre-situacion-de-venezuela/minrel/2017-07-30/184157.html.

[3]   Rechazo del gobierno de Colombia a la ANC: HispanTV (28 de julio de 2017) *"Santos: No reconoceremos resultados de Constituyente en Venezuela"* Disponible en: https://www.hispantv.com/noticias/colombia/348812/santos-reconocer-resultados-constituyente-maduro.

4. *Estados Unidos de América*

El gobierno de Estados Unidos de América cuestionó la legitimidad de la ANC, señalando que se trata del producto ilegítimo de un proceso defectuoso diseñado por la dictadura de Maduro, para promover su ataque a la democracia.[4]

5. *Francia*

El gobierno de Francia, a través de su portavoz, expresó que la ANC amenaza con agravar las tensiones en Venezuela e instó al gobierno venezolano a garantizar sus compromisos internacionales en materia de libertades públicas.[5]

6 *México*

El gobierno mexicano señaló que su país no reconocerá los resultados de la constituyente, por considerar que el proceso se realizó contrario a los principios democráticos reconocidos universalmente, en desconocimiento a lo previsto por la Constitución venezolana, lo que genera una profundización de la crisis existente en el país.[6]

---

[4] Rechazo del gobierno estadounidense a la ANC: Departamento de Estado de Estados Unidos – Declaración a la prensa (3 de agosto de 2017) *"Venezuela's Illegitimate National Constituent Assembly"*. Disponible en: https://www.state.gov/r/pa/prs/ps/2017/08/273024.htm.

[5] Rechazo del gobierno francés a la ANC: Ministerio para Europa y de Asuntos Exteriores de Francia-Nota sobre Venezuela (31 de julio de 2017) *"Venezuela - Elección de la Asamblea Constituyente"*. Disponible en: https://www.diplomatie.gouv.fr/es/fichas-de-paises/venezuela/eventos/article/eleccion-de-la-asamblea-constituyente-31-07-17.

[6] Rechazo del gobierno de México a la ANC: Secretaría de Relaciones Exteriores de México-Comunicado (30 de julio de 2017) *"México no reconoce la elección de la Asamblea Nacional Constituyente en Venezuela"*. Disponible en: https://www.gob.mx/sre/prensa/mexico-no-

7. *Perú*

El gobierno de Perú manifestó en un comunicado señalando que: "Esta elección viola normas de la Constitución venezolana y contraviene la voluntad soberana del pueblo, representado en la Asamblea Nacional. También vulnera el principio de universalidad del sufragio y profundiza la fractura de la nación venezolana, rompiendo el orden democrático en ese país".[7]

8. *El Vaticano*

La Secretaría de Estado comunicó que la Santa Sede pide que "se eviten o se suspendan las iniciativas en curso como la nueva Constituyente que, más que favorecer la reconciliación y la paz, fomentan un clima de tensión y enfrentamiento e hipotecan el futuro".[8]

---

reconoce-la-eleccion-de-la-asamblea-nacional-constituyente-en-venezuela.

[7] Rechazo del gobierno de Perú a la ANC: Ministerio de Relaciones Exteriores de Perú-Comunicado (30 de julio de 2017) "*Gobierno del Perú no reconoce resultados de la ilegítima elección de la Asamblea Nacional Constituyente en Venezuela*" Disponible en: https://www.gob.pe/institucion/rree/noticias/4634-gobierno-del-peru-no-reconoce-resultados-de-la-ilegitima-eleccion-de-la-asamblea-nacional-constituyente-en-venezuela.

[8] Rechazo de la Santa Sede a la ANC: Secretaría de Estado del Vaticano-Comunicado (4 de agosto de 2017) "*Comunicado de la Santa Sede ante la crisis en Venezuela*". Disponible en: http://www.archivioradiovaticana.va/storico/2017/08/04/comunicado_de_la_santa_-sede_ante_la_crisis_en_venezuela_/es-1328873.

II. ORGANIZACIONES INTERNACIONALES QUE MANIFESTARON SU RECHAZO A LA CONFORMACIÓN DE LA ASAMBLEA NACIONAL CONSTITUYENTE DE VENEZUELA:

1. *Mercado Común del Sur (MERCOSUR)*

El Mercosur desconoció la instauración de la ANC, al tiempo que la acusó de usurpar funciones que legítimamente le corresponden a la Asamblea Nacional electa en 2015 por los venezolanos.[9]

2. *Organización de Estados Americanos (OEA)*

El Secretario General de la OEA Luis Almagro respaldó la declaración del Grupo de Lima en donde se rechaza el llamado a la instauración de la ANC.[10]

3. *Unión Europea (UE)*

La Unión Europea, a través de su portavoz, Mina Andreeva, expresó estar preocupada por el "destino de la democracia" y que no reconocerá el resultado de la Asamblea Constituyente.[11]

---

[9] Rechazo de MERCOSUR a la ANC: Europapress (19 de agosto de 2017) "Mercosur condena la "usurpación" de los poderes legislativos por parte de la Asamblea Nacional Constituyente". Disponible en: https://www.europapress.es/internacional/noticia-mercosur-condena-usurpacion-poderes-legislativos-parte-asamblea-nacional-constituyente-20170819003239.html.

[10] Rechazo de OEA a la ANC: OEA Secretario General (31 de julio de 2017) *"Mensaje del Secretario General sobre Venezuela"*. Disponible en: http://www.oas.org/en/media_center/press_release.asp?sCodigo=S-025/17.

[11] Rechazo de la UE a la ANC: Comisión Europea (31 de julio de 2017) *"Statement by the Spokesperson on the Election to a Constituent As-*

III. PAÍSES QUE MANIFESTARON SU RECONOCI-MIENTO A LA CONFORMACIÓN DE LA ASAMBLEA NACIONAL CONSTITUYENTE DE VENEZUELA:

1. China

En un comunicado, el gobierno chino resaltó su respeto al principio de no injerencia en asuntos internos, al tiempo que resaltó lo siguiente: "La elección Constituyente en Venezuela marchó en general de forma estable y hemos tomado nota de las reacciones de cada parte", se añade en las declaraciones publicadas en el portal de la cancillería china.[12]

2. Cuba

El Parlamento de Cuba expresó su respaldo y solidaridad al trabajo que ha desarrollado la ANC. Asimismo, el Presidente Miguel Díaz-Canel en su visita a Venezuela compareció ante la ANC y dio un discurso frente a este cuerpo.[13]

---

sembly in Venezuela". Disponible en: http://europa.eu/rapid/press-release_MEX-17-2223_en.htm.

[12] Reconocimiento de China a la ANC: Ministerio del Poder Popular para las relaciones Exteriores (Venezuela) Nota de Prensa (3 de agosto de 2017) *"China respeta elección de la Constituyente y aboga por no intervenir Venezuela"*. Disponible en: http://www.correodelorinoco.gob.ve/china-respeta-eleccion-de-la-constituyente-y-aboga-por-no-intervenir-venezuela/.

[13] Reconocimiento de Cuba a la ANC: Asamblea Nacional Constituyente de Cuba (1° de agosto de 2017) *"Declaración del MINREX sobre la Asamblea Nacional Constituyente en Venezuela"*. Disponible en: http://www.parlamentocubaN°gob.cu/index.php/declaracion-del-minrex-sobre-la-asamblea-nacional-constituyente-en-venezuela/.

3. *Rusia*

En un comunicado, el gobierno ruso llamó a respetar los resultados de la ANC e instó a los países que se pronunciaron en contra a abstenerse de realizar acciones que puedan profundizar la división en el país suramericano.[14]

4. *Siria*

La Cancillería de Siria envió sus felicitaciones al gobierno venezolano por la celebración de las elecciones de la ANC.[15]

IV. ORGANIZACIONES INTERNACIONALES QUE MANIFESTARON SU RECONOCIMIENTO A LA CONFORMACIÓN DE LA ASAMBLEA NACIONAL CONSTITUYENTE DE VENEZUELA:

1. *Alianza Bolivariana para los Pueblos de América (ALBA)*

ALBA rechaza las sanciones de los Estados Unidos de América contra Venezuela, y expresa que reconoce la validez de los resultados de las elecciones de la ANC celebrada en Venezuela.[16]

---

[14] Reconocimiento de Rusia a la ANC: Ministerio de asuntos Exteriores de Rusia-Nota de prensa (27 de julio de 2017) *"Comment by the Information and Press Department on the situation in Venezuela"*. Disponible en: http://www.mid.ru/en/web/guest/kommentarii_predstavitelya/-/asset_publisher/MCZ7HQuMdqBY/content/id/2824453.

[15] Reconocimiento de Siria a la ANC: Hispan TV (1 de agosto de 2017) *"Siria felicita a Venezuela por su 'exitosa' Constituyente"*. Disponible en: https://www.hispantv.com/noticias/venezuela/349166/siria-felicita-elecciones-asamblea-constituyente-maduro.

[16] Reconocimiento de ALBA a la ANC: Colombia Informe (8 de agosto de 2017) *"Países del ALBA-TCP reconocen la Constituyente de Venezuela"* Disponible: http://www.colombiainforma.info/once-paises-reconocen-la-constituyente-de-venezuela/.

ANEXO 2

CUADRO COMPARATIVO DEL PROCESO CONSTITUYENTE DE LOS AÑOS 1999 Y 2017

Dado que los actores políticos que lideraron los procesos constituyentes de 1999 y 2017 fueron prácticamente los mismos, conviene realizar una esquemática comparación para ver sus coincidencias y diferencias. Sin embargo, hay que destacar que si bien los actores y el contenido ideológico coinciden, no es menos cierto que las circunstancias políticas y sociales fueron disímiles.

En el siguiente cuadro comparativo se presenta un breve resumen de las actuaciones realizadas en los procesos constituyentes de 1999 y 2017, específicamente las relativas a: (i) el convocante del proceso; (ii) la celebración o no del referendo consultivo para su aprobación popular; (iii) la postulación y elección de candidatos; (iv) la celebración o no del referendo aprobatorio de la nueva Constitución; (v) las atribuciones ejercidas por la ANC; y, (vi) el resultado del proceso.

	ANC 1999	ANC 2017
Convocatoria	Convocada por referéndum popular por iniciativa constituyente (auto adjudicada) del presidente Chávez.	Convocada directamente por decreto del presidente Maduro, pese a no estar legitimado para ello en virtud del artículo 347 de la *Constitución*.
Referendo consultivo	Se realizó un referendo consultivo previo para que el pueblo decidiera si convocaba o no a la ANC, debido a que la Corte Suprema de Justicia consideró procedente la consulta popular conforme al artículo 181 de la Ley Orgánica de Sufragio y Participación Política.	No se realizó un referendo consultivo previo. El Tribunal Supremo de Justicia en Sala Constitucional consideró que no era constitucionalmente obligante, en clara violación a lo dispuesto en el artículo 347 de la *Constitución*.
Postulación y elecciones de constituyentes	Todos los venezolanos que cumplieran con los requisitos generales establecidos podían postularse. El número total de constituyentes a elegir fue de 131.	Solo admitía la postulación de los venezolanos que, además de los requisitos generales, cumplieran los requisitos específicos del sector al cual pretendían representar. Se exigieron requisitos de nacionalidad originaria inconstitucionales. Las eleccio-

		nes de constituyentes se realizaron con base en los ámbitos territoriales y sectoriales (inconstitucional): 364 por territorio y 173 por sector (total 537).
Referendo aprobatorio de la nueva Constitución	Las bases comiciales estalecieron que la Constitución que iba a redactar la ANC sería "sometida a referendo dentro de los 30 días continuos a su sanción. La Constitución quedará definitivamente aprobada si el número de votos afirmativos es superior al número de votos negativos". El nuevo texto constitucional fue sometido a referendo el 15 de diciembre de 1999, siendo aprobado por el 71, 78% de los electores (abstención de 50% aprox.).	Las bases comiciales no dispusieron nada respecto a la celebración de un referendo aprobatorio del nuevo Texto Constitucional. Luego, debido a las críticas de la opinión pública, el decreto presidencial N° 2.889 "exhortó" a la ANC a someter el nuevo Texto Constitucional a referendo aprobatorio.
Atribuciones ejercidas	En ambos procesos la ANC ejerció potestades más allá de las conferidas, auto constituyéndose en un supra poder ilimitado con funciones judiciales, legislativas y electorales. En virtud de ello, creó leyes, modificó poderes públicos, suspendió y convocó elecciones, entre otros actos.	

Resultado	Pese a todas las irregularidades del proceso, la ANC culminó sus funciones con la sanción de una nueva Constitución integrada por un Preámbulo, 350 artículos, una disposición derogatoria, 18 disposiciones transitorias y 1 disposición final. Se publicó 2 veces en Gaceta Oficial modificando su texto supuestamente debido a "errores de gramática, sintaxis y estilo". La segunda versión incorporó modificaciones sustanciales, entre las que destacan la inclusión de una exposición de motivos que nunca fue aprobada por la ANC. Dictó decretos de transición de los Poderes Públicos nombrando los nuevos poderes, en violación de la nueva Constitución.	Luego de más de dos años de su instalación, la ANC no ha mostrado el más mínimo avance en la redacción de la nueva Constitución. Su actuación se ha limitado a decisiones políticas fundamentalmente de usurpación de las competencias constitucionales de la Asamblea Nacional, detitución de la Fiscal General y el nombramiento inconstitucional del nuevo Fiscal así como de otras autoridades y funcionarios, en clara violación a la Constitución vigente.

ÍNDICE GENERAL

ANEXO 1

PRONUNCIAMIENTOS INTERNACIONALES SOBRE LA ANC